장수
경제가
온다

이 책은 방일영문화재단의 지원을 받아 출판되었습니다.

15조 달러 시니어 마켓을 향한
선도 기업들의 도전기

장수
경제가
온다

이위재·남민우·배정원 지음

SENIOR
BUSINESS
TRENDS

떠오르는 거대 소비자를 잡아라!

한스컨텐츠

루이즈 애런슨 UC 샌프란시스코 의대 교수는 『나이 듦에 관하여(Elderhood)』란 책에서 UC 버클리 강의를 참관했던 기억을 떠올린다. 당시 그 수업 담당 교수는 학생들에게 '노인(old)'이란 단어를 들으면 떠오르는 인상을 적어보라고 시켰다. "생각하지 말고 그냥 떠오르는 대로 적어보세요."

그러자 학생들이 고른 단어는 주로 주름살, 굽은 허리, 대머리, 백발, 굼뜬 움직임, 쇠약함, 골골거림, 무기력 같은 우울한 내용들이었다. '좀약과 퀴퀴한 담배 연기'라고 쓴 학생도 있었다.

노인에 대한 이미지는 대체로 이런 범주에서 크게 벗어나지 않는다. 우리 사회도 마찬가지일 것이다. 그런데 이미 전 세계는 급속하게 노인 사회로 들어가고 있다. 보통 65세 이상 인구를 노인, 고령자로 분류하는데 언론에서 줄기차게 거론하듯 고령 사회를 넘어 초고령 사회가 멀지 않았다. 고령(Aged) 사회는 유엔(UN) 정의를 빌리자면 전체 인구 중 14% 이상이 65세 이상인 경우를 가리킨다. 초고령(Post-Aged) 사회는 그 비율이 20% 이상으로 올라간다. 80억 명 전 세계 인구로 따지면 16억 명 이상이 노인인 인구구조가 눈앞에 둔 현실이란 얘기다.

　아직은 전 세계 인구 중 9% 정도만 노인에 속한다. 그런데 선진국과 일부 개발도상국에선 고령화가 급속하게 진행하고 있다. 한국도 그중 하나다. 한국 65세 이상 인구 비율은 2022년 1월 현재 17.6%다. 세계 평균 2배가량 된다. 통계청은 한국이 2024년 상반기면 초고령 사회, 20%에 도달한다고 보고 있다. 전 세계 고령화 연구기관들이 "세계에서 가장 빠른 속도로 고령화하는 한국을 주시하고 있다"고 공공연히 말할 정도다. 중국에서는 '미부선로(未富先老)'란 말이 화두다. '부유해지기 전에 먼저 늙었다'는 뜻으로 고령화사회로 향하는 중국 사회의 고민을 읽을 수 있다. 2020년 기준 중국 전체 인구의 12%가 65세 이상이다. 3억 명 가까운 규모다.

더 이상 노인을 무기력한 환자들처럼 취급해선 사회가 지탱할 수 없는 시대다. 인구 5명 중 1명이 노인이란 수치는 사회구조 뿐 아니라 경제 저변에도 막대한 영향을 미친다. MZ(밀레니얼·Z세대)만 중요한 게 아니다. 노인들은 소비 행태나 기호 양식에서 다른 세대와는 특이하게 다르다. '장수(長壽)경제' 패러다임 내에서 노인들을 위해 뭔가를 만들어주겠다는 배려 차원 발상은 그다지 환영받지 못한다. 노인들은 은근히 까다롭다. 나이는 들어가지만 늙고 싶어 하진 않는다. 정확하게는 늙은 사람으로 비춰지는 걸 꺼린다. 일본 화장품 회사 시세이도는 '실버마켓'을 선점하겠다는 의도로 "50대가 늘어나면 일본이 변한다"는 광고 캐치프레이즈를 내걸었다. 그런데 시장에서 외면받았다. 정작 50대들은 '50대를 위한 화장품'에는 관심이 없었다. 그들 눈은 좀 더 젊은 세대들 감각에 맞춰져 있었기 때문이다. 50대는 말하자면 자기들이 30대처럼 대접받길 원하지 자신을 있는 그대로 50대로 간주하는 상품에는 눈길을 주기 싫었던 것이다.

그럼에도 그런 기능을 완전히 배제해선 곤란하다. 중국 신발 회사들은 노인들을 상대로 만든 구두나 운동화 제품에 모두 미끄럼 방지 밑창을 장착한다. 낙상(落傷)이 노인들에게 얼마나 치명적인 줄 알기 때문이다. 겉보기엔 일반 구두·운동화와 다르지 않지만 노인을 위한 배려가 살짝, 보이지 않게 들어가 있다. 은밀하게 위대하게. MIT 에이지랩 조셉 코글린 소장 말처럼 노인은 '환자'가 아니라 '소비자'다. 기업들은 노년을 여생(餘生)이 아닌 새로운 삶의 단계가 시작하는 시기로 인식해야 한다는 의미다. 노년기는 인생에서 3분의 1을 차지하는 기간. 단지 죽기 전에 남아 있는 시간이 아니다. '첼로의 성자(聖子)'로 불렸던 파블로 카잘스에게 기자가 물었다. "당신은 이미 세상에서 가장 위대한 첼리스트인데 95세에도 하루에 6시간씩 연습하는 이유가 뭡니까?" 카잘스는 바로 답했다. "(연습을 하면) 연주 실력이 조금씩 좋아지니까요."

노인들을 대상으로 한 경제 산업 시장 규모는 이제 막 태동기라 정확하게 가늠하기도 어렵다. 실버 비즈니스, 노령(老齡) 산업, 은발(銀髮) 경제를 많이 언급하긴 하지만 아직 기업들은 이런 미래 시장에 대해 확실한 대비가 되어 있지 않다. 노인들을 상대로 물건을 파는 기업 중 애플이나 구글처럼 이름만 들어도 아는 곳이 있는가. 중국은 2050년 노령 산업 규모를 106조 위안으로 추산한다. 우리 돈으로 2경 원이다. 잠재력만큼은 무궁무진한 셈이다. 이런 이들에게 기업은 어떤 식으로 접근해야 할까. 새로운 시장을 개척하는 과정이 늘 그렇듯 시행착오는 되풀이될 수밖에 없다. 실제 시니어 경제를 철두철미하게 이해하고 대비하고 있는 기업들은 찾기가 쉽지 않았다. 나름 저마다 필살기를 준비해서 다가가고 있다고 하지만 "아, 정말 이런 '킬러앱'이 있었구나" 하면서 감탄할 만한 기업은 거의 없었다. 다만 조금씩 실마리를 찾아가는 노력의 흔적만 볼 수 있었다.

고령층 전용 데이팅 앱 50 플러스매치나 여성 비혼(非婚)주의자들이 모여 사는 런던 코하우징(공동주택) OWCH(Older Women's Co-Housing Project)는 어찌 보면 간단한 아이디어로 승부한 곳이다. 시니어들이 모여 편하게 흉금을 터놓을 수 있는, 그들만을 위한 아지트 모어댄어카페도 누구나 생각할 수 있는 아이템이지만 실행에 옮기기란 쉽지 않다. 어떻게 내부 공간을 설계하고, 그들을 위한 프로그램을 준비할 것인가는 미지(未知)와의 조우(遭遇)나 다름없다. 일본과 중국 기업들이 이 분야에서도 적극적으로 새로운 시도를 이끌어가고 있다는 점은 인상적이었다. 노인들이 모여 춤추는 즐거움에 천착한 중국 꽁우티위나 탕더우, 노인들이 이동에 불편을 겪을 수 있다는 점에 착안한 이동식 슈퍼 도쿠시마루, 노인 대상 문화·체육·레저 강연으로 호객 행위에 나선 일본 이온 쇼핑몰, 노인용 로봇 굴기(崛起·특정 분야에서 최강이 된다는 중국식 표현)에 주력하는 중국 선양신송 등은 눈여겨볼 만하다. '노인대학'을 중국 곳곳에 세우고 이를 거점으로 노인용 콘텐츠 개발에 안착한 중국《쾌락 노인보》, 시니어 전용 잡지로 입지를 굳혀가는 일본《하루메 쿠》도 흥미로운 곳이다.《하루메쿠》는 서점 판매 없이 정기 구독만으로 월평균 30만 부 이상을 확보한다. 1년 정기 구독료는 6,960엔(약 7만 8,000원)이며 평균 독자 연령은 65세이다. 과연 이런 게 될까? 그건 개척하기 나름이다. 일본 코메다커피는 1970~1980년대 일본 경제 고도성장기 유행하던 일본식 찻집 '킷사텐(喫茶店·차와 함께 간단한 요리를 파는 곳)' 문화를 커피점에 접목하면서 약진하고 있다. 일본 폴라 오르비스 화장품은 현장 판매 영업사원으로 80~90대 직원을 고용하는 파격 실험을 벌이고 있다. 말이 파격 실험이지 안 될 이유는 없다.

여기 등장하지 않지만 에이지 프렌들리(age-friendly) 비즈니스를 구현하는 기업들은 훨씬 많다. 노인들만 대상으로 하는 e-스포츠 공간을 마련하기도 하고, 인생 마지막을 잘 준비할 수 있도록 '하카토모(墓友)'를 사귀는 사업을 벌이는 곳도 있다. 서로 만나 장례와 사후에 대해 대화하는 사이를 만들어주는 것이다.

국어 단어로 '젊다'는 형용사이지만 '늙다'는 동사라고 한다. 나이가 들어간다는 건 결국 변화무쌍한 동적인 세계 속에 살아간다는 걸 가리키는 셈인데, 그런 관점에서 장수경제는 기업에게 끝없이 변화에 예민해질 것을 요구한다. 장수경제에 성공적으로 대응할 수 있는 기업이라면 다른 경쟁력을 걱정할 필요가 없을 것이다.

01

당당한 미래 소비자

자존감 높은 소비자
에이지랩 조셉 F. 코글린 소장 인터뷰

💬 　한때 '효도폰'이라 해서 노인들을 위해 기능을 단순화하고 버튼을 크고 투박하게 만든 전화기가 시중에 봇물처럼 쏟아진 적이 있었다. 한국뿐 아니라 독일에서도 그랬다. 떨어뜨려도 쉽게 깨지지 않도록 단단한 특징도 있었다. 그런데 시장에선 외면당했다. 왜 그랬을까.

　노인 전용 간편식을 만들려는 시도는 1955년 미국에서도 있었다. 거대 식품 기업 하인즈가 뛰어들었다. 10년간 심혈을 기울인 연구 개발 끝에 내놓은 노인용 통조림은 쇠고기·양고기·

고령 사회의 변화에 대해 설명하는 에이지랩 조셉 F. 코글린 소장

닭고기 죽 형태로 싸고 먹기 편한 요소에 중점을 뒀다. 그런데 아무도 손을 대지 않았다. 왜 그랬을까. 전문가들은 이러한 실패작들이 노인들의 정서를 세심하게 고려하지 않았다고 지적한다. 노인들은 이런 효도폰이나 노인용 통조림을 장바구니에 담는 순간, 스스로를 "저는 늙고 가난하고 눈도 어둡고 이도 성하지 않아요"라고 말하는 듯한 굴욕감을 느낀다는 얘기다. 미국 자동차업계에선 오랜 금언이 내려온다. "젊은이가 타는 차를 노인에게 팔 수는 있어도, 노인이 타는 차를 젊은이에게 팔 수 없다." 노인만을 위한 제품이 가진 한계를 묘사한 말이다.

조셉 F. 코글린(Coughlin) MIT 에이지랩(Age Lab) 소장은 "그릇된 '노령 담론(narrative of aging)', 즉 노인은 약하고 둔하고 스스로 생계를 꾸릴 수 없어 타인이 베푸는 후의(厚意)에 기대서 사는 존재라는 고정관념은 종종 기업들을 오판으로 이끈다"라고 강조했다. 고령 인구는 미래 소비 시장 주체이다. 미국에서 50세 이상이 소비하는 규모는 5조 6,000억 달러(2015년 기준)로 50세 이하 4조 9,000억 달러보다 많았다. 한 나라 경제를 좌우할 만한 대규모 소비자 집단인 셈이다. 이들이 어떤 제품을 원하는지를 기업이 더 연구해야 하는 이유다. 중요한 건 늙어갈수록 무엇보다 가치 있는 일을 경험하고 실천하고 싶어 한다는 점이다.

에이지랩은 MIT 슬론 경영대학원 바로 옆 건물에 자리 잡고 있었다. 분주한 연구원들 사이로 코글린 소장이 산뜻한 나비넥타이 차림으로 반갑게 얼굴을 내밀었다. 그는 "언젠가 우연히 빨간 나비넥타이를 매고 모임에 갔는데 반응이 좋았고 나중에도 다들 기억하길래 아예 그때부터 트레이드 마크처럼 갖춘다"고 말했다.

에이지랩은 이른바 '장수경제(Longevity Economy)'를 연구하는 조직이다. 50세 이상 인구를 위한 기술과 디자인에 중점을 둔다. 1999년 설립됐다. 코글린 소장이 20년간 다양한 정부, 기업, 비영리·시민 단체들과 협업하면서 내린 결론은 특별한 게 아니다. 노인 역시 젊은 세대와 마찬가지로 사회 구성원으로서 당당히 인정받고 다양한 생리적·문화적 욕구를 충족하길 원한다는 것이다. 앞으로 고령 사회 핵심 세력으로 자리매김할 베이비붐 세대는 인터넷과 컴퓨터에 익숙하고 풍요 사회를 경험한 경제력을 바탕으로 새로운 즐거움을 찾아 나서는 데 주저하지 않는다. 코글린 소장은 "노인은 '환자'가 아니라 '소비자'라면서 기업은 노년을 여생(餘生)이 아닌 새로운 삶의 단계가 시작하는 시기로 인식해야 한다"고 말했다. 은퇴하고 신체적으로 불편한 시기로 접어든다는 선입관을 탈피하라는 충고다.

"노년기는 인생에서 3분의 1을 차지하는 기간입니다. 단지 죽기 전에 남아 있는 시간이 더 이상 아닌 거죠."

스마트폰은 손놀림으로 글자나 아이콘 크기를 확대하고 줄일 수 있다. 시력이 나빠진 노인들에게도 반갑고 뿌듯한 제품이다. 반면 여전히 '노인폰'이라 해서 버튼을 3개만 단 휴대전화가 버젓이 출시된다. 집, 병원, 119. 잘못된 노령 담론이 빚은 참사다. 코글린 소장은 "노인을 배려한답시고 단순화하거나 노골적으로 배려한다는 인상을 풍기면 곤란하다"면서 "상품이 편리할 거란 기대감을 주면서 즐겁게 쓸 수 있도록 설계해야 한다"고 강조했다. 이를 그는 '초월적 디자인(transcendent design)'으로 부른다. 나이가 들면 신체적으로 퇴화하는 건 분명하지만, 노인들이 그런 측면에만 집착해서 지갑을 열지 않는다는 교훈을 담았다. 초월적 디자인에 가깝게 가기 위해서 연구자나 상품 개발자들이 가져야 할 자세는 '철저한 공감(radical empathy)'이다.

이 공감력을 높이기 위해 에이지랩에서 벌인 실험은 '아그네스(AGNES)'로 명명한 특수 의류 체험이다. 아그네스(AGNES)는 'Age Gain Now Empathy System'의 약자로 시야를 제한한 안경, 몸을 뻑뻑하고 움직이기 힘들게 한 장갑·허리띠·무릎 보호대, 걷기 불편하게 한 신발 등 노인 신체 여건을 재현했다. 연구원들이 아그네스를 입고 거리와 상점을 돌아다니며 노인들이 실제 일상생활에서 어떤 불편을 느끼는지 간접 경험할 수 있도

귀마개
청력을 감소시킴

목 보호대
목 회전을
뻑뻑하게 함

허리띠
행동을 제약

장갑
손 동작과 촉각을
저감시킴

무릎지지대
무릎을 움직이기 어렵게
하면서 몸을 빨리
피곤하게 만듦

헬멧
머리를 무겁게 하고
허리에 부담을 줌

안경
시력과 시야를 약화

고무 밧줄
몸 동작을 제한

손목 밴드
어깨 움직임을
더디게 하고 피로를
빨리 오게 만듦

신발
몸 중심 균형을
흔들리게
하도록 설계

노인의 신체 여건을 재현한 특수 의류 아그네스

록 했다. 이 실험 결과를 통해 편의점 CVS는 그동안 무거운 제품은 옮기다 떨어질 걸 우려해 대부분 낮은 선반에 뒀는데, 노인들에겐 이게 여간 힘든 작업이 아니라는 걸 깨닫고 허리 높이로 이동시켰다. 그리고 표지판이나 통로도 개선했다.

오래전 주방용품 회사 옥소(OXO)가 개발한 감자 깎는 칼은 타원형 특대 손잡이가 특징이다. 이는 창업자가 관절염에 시달리던 아내가 요리할 때 감자 깎는 칼이 가늘고 미끄러운 원통형이라 번번이 놓치는 걸 바라보다 직접 디자이너를 데려다 실험을 거친 끝에 탄생한 작품이다. 당시 개발팀은 장갑을 끼고 마디마다 테이프를 감은 상태에서 저녁 요리를 준비했다. 그러자 기존 요리 도구로는 정상 진행이 어려울 정도로 불편했다. 이런 '철저한 공감'을 통한 접근이 이후 '파괴적 혁신'을 반영한 옥소 주방용품 신화를 낳은 원동력이었다.

기업은 고령 사회 '선도적 사용자(lead user)'를 잘 파악해야 한다. 누가 소비 지출을 주도하는가. 코글린 소장이 지목한 건 '고령 여성'이다. 고령 여성은 세대를 넘어 소비를 주도할 뿐 아니라 노인 간병을 담당하는 주체다. 고령에서 여성 경제활동 참가율은 남성보다 빠른 상승세를 보인다. 에이지랩 연구에 따르면 고령 남성은 노후에 대해 낙관적이고 막연하지만, 여성은 명확하게 인지하고 계획한다. 기업이 왜 여성을 기본 값으로 놓고 상품 개발에 들어가야 하는지 알려주는 결과다. 코글린 소장은 "장수경제에 기업이 안착하려면 부정확한 직감을 따르지 말고 이 '선도적 사용자'를 철저히 연구 분석해야 한다"면서 "빠르면 10년 안에 장수경제 시장이 무르익을 것"이라고 전망했다.

코글린 소장이 40대로 접어든 세대에게 고령 사회를 준비해야 할 결정적 전환점으로 권하는 나이는 45세다. 그 나이쯤엔 건강검진에서 의사가 다 비슷하게 진단한다. "별 이상은 없지만 평소 운동도 하고 건강에 신경 쓰셔야 합니다" 그 이후 '노인 생활'을 준비하지 않으면 나중에 낭패를 겪을 수 있다.

"노년을 위한 투자는 다양합니다. 돈은 물론이고, 교육, 건강, 친구, 모두 관리 대상입니다. 물론 가장 중요한 건 가족이죠. 그 사회적 연결망(social connection)을 유지하지 못하면 불행한 노후를 보내기 십상입니다. 의술 발전으로 오래 살고 싶은 욕망은 이제 어느 정도 두려움이 해소됐다고 봐도 무방합니다. 이제 과제는 오래오래 잘 사는 데 있습니다."

거스를 수 없는 경제 전반의 변화

옥스퍼드 대학 고령화 연구소 조지 리슨 소장 인터뷰

고령 인구가 예상보다 빠르게 늘어나자 국민연금과 의료보험 재정이 마침내 바닥을 드러낸다. 세금은 천정부지로 치솟고, 퇴직연금과 의료 혜택이 대폭 줄어든다. 반발한 젊은 경제활동인구는 짐을 싸서 해외로 나간다. 세수가 줄어들고 국력이 약해지면서 정부 부채가 감당할 수 없는 수준으로 늘어난다. 정치 불안과 실업, 노동쟁의, 사상 최고의 이자율, 붕괴된 금융시장에 국민은 신음한다.

로런스 커틀리프 미국 보스턴대 교수는 2003년 저서 『다가

고령화 현상을 연구하는 옥스퍼드 대학 고령화 연구소 조지 리슨 소장

올 세대의 거대한 폭풍』에서 인구통계학적, 거시경제학적 자료를 근거로 2030년 미국 경제의 상황을 이렇게 치밀하게 예측했다. 전쟁이나 허리케인처럼 물리적 힘이 작용하는 재앙과 별반 다를 바가 없다. 고령화가 건물 대신 경제 근간을 무너뜨리는 종말의 동기가 될 수도 있다는 암시다. 그간 고령화를 대하는 기업의 태도도 이런 맥락에서 크게 벗어나지 않았다.

유엔(UN) 경제사회사무국은 2050년이 되면 전 세계 60세 이상 인구수가 14세 미만 인구수를 넘어설 것이라고 예측한다. 고령 인구가 젊은 인구보다 많은 적은 인류 역사상 단 한 번도 없었다. 불안정성을 꺼리는 경제계에서도 고령화를 기회 이전에 위기로 보는 시선이 팽배하다.

조지 리슨(Leeson) 영국 옥스퍼드 대학 부설 고령화 연구소 소장은 이런 시선에 적극적으로 반기를 들어 주목을 받았다. 그는 "고령화 현상은 정부나 언론의 우려와 달리 부정적인 게 아니다"며 "고령화사회를 잿빛으로 그리는 예측은 터무니없이 과장됐다"고 말했다. '노화'라는 인생 경로를 경제활동이 끝나는 시기가 아니라, 경제활동이 지속 가능한 시기로 본다면 고령화 현상은 오히려 탈출구와 새 시장을 찾는 기업에 경제성장과 부를 쌓을 잠재력이 충분하다는 주장이다.

유엔 전망치에 따르면 2020년 기준 전 세계 60세 이상 인구는 10억 명 정도에 다다를 것으로 보인다. 리슨 소장은 "이전에 없던 취향과 기호를 가진 10억 명의 소비 수요에 기업이 발맞추기 시작하면 지금보다 생산적인 일자리, 제품, 서비스가 창출될 것"이라며 "임금과 기업 구조, 환경문제에 이르기까지 경제 발전 과정에서 짚고 넘어가지 못했던 문제점 전반에 걸친 체질 개선이 시작될 것"이라고 말했다.

옥스퍼드 대학 부설 고령화 연구소는 세계의 다른 지역보다 유달리 연령대가 높은 유럽권에서도 고령화 연구로 가장 권위 있는 기관이다. 리슨 소장은 더운 여름 날씨였음에도 구김 없이 반듯한 갈색 재킷을 입고 먼저 악수를 청했다. 내민 손목 사이로 보라색 시곗줄과 애플의 최신 스마트워치가 보였다. 그는 "고령화 연구에서는 한국과 일본이 곧 글래스턴베리"라고 말했다. 글래스턴베리는 매년 여름 영국에서 열리는 세계에서 가장 큰 노천 음악 축제다. 영국인이라면 모르는 이가 없을 정도다.

축제 기간이 얼마 지나지 않아 옥스퍼드를 찾은 기자에게 "세계에서 가장 빠른 속도로 고령화하는 한국을 주시하고 있다"고 넌지시 말한 셈이다.

유럽연합은 전통적으로 경제정책과 사회정책 부문에서 고령 친화적 입장을 취해왔다. 영국이 G8(주요 8개국) 의장국을 맡은 2013년 데이비드 캐머런 영국 총리가 "더 늦기 전에 알츠하이

머병 확산을 막기 위해 전 세계적 노력이 필요하다"고 호소한 이론적 배경도 이 연구소에서 나왔다. 리슨 소장은 "우리의 역할은 신체적인 문제부터 퇴직연금 재정 마련 같은 사회적 문제에 이르기까지 인간의 노화가 낳는 다양한 과제를 건설적으로 토론할 수 있는 장을 마련하는 것"이라며 "궁극적으로 인생 후반을 충만하게 살려는 노인들의 노력이 사회에도 유례없는 기회를 제공한다는 점을 증명하고 싶다"고 말했다.

영국은 2011년까지 높은 수준의 보건·복지를 통한 높은 기대 수명, 낮은 영아 사망률 현상이 유지되는 전형적인 선진국형 고령화 현상을 호되게 겪었다. 노인들에게 연금은 먹고살기에 턱없이 부족하고 '정년퇴직할 나이'라는 개념은 사라졌다. 평생 일해야만 하는 사회가 되면서 노인들은 자연히 바깥으로 나섰다. 주어진 일이라면 젊은이들이 기피하는 일이라도 마다하지 않았다. 옥스퍼드 대학 연구소 조사에 따르면 65세가 넘는 영국인 중 건설 현장에서 힘들고 고된 육체노동을 하는 인구가 8%에 달한다. 1990년대 영국의 슈퍼마켓에서 일하는 사람들은 지금 개발도상국과 마찬가지로 주로 10대 후반이나 대학을 다닐 나이 정도의 젊은 층이었다.

이제는 백발이 성성한 70대들이 선반에 물건을 진열하거나 계산대를 지킨다. "최근 10년 사이 영국에서는 육체적으로 더

☐ wrinkled?
☐ wonderful?

Will society ever accept 'old' can be beautiful? Join the beauty debate.

campaignforrealbeauty.co.uk 🕊 | *Dove*

프로에이지(Pro-Age) 캠페인을 통해 성공적인 매출액을 올린 도브 이상 일을 할 수 없을 거라 여겨졌던 70대 혹은 80대까지 자연스럽게 일을 합니다. 일을 마친 후에는 20대처럼 신나게 사교를 즐기며 노년을 보내는 것이 당연해졌죠. 영국 노인들은 대체로 활동적인 삶을 살기를 원합니다. 느긋한 여가, 고독 그리고 '은퇴' 같은 단어는 요즘 60대나 70대에게 이제 금기어가 된 거죠. 오후 4시쯤 도로나 공원에 나가보면 조깅을 하거나 자전거를 타는 노인, 플라스틱 원반을 던지거나 테니스 연습을 하며 땀 흘리는 노인들로 가득합니다. 이전에 통용되던 약하고 무기력하며, 보호받아야 하는 '노년'이란 개념은 이제 영국인에게 존재하지 않는다는 말입니다."

연금만으로 근근이 생활을 이어가던 노인들이 이전과 다름없이 일하면서 경제력을 갖추고, 사회적인 관계망을 유지하자 기업들이 움직이기 시작했다. 이전까지 고령 소비자층을 위한 제품이라고 하면 늙고 아프고 불편한 데 따른 신체적 한계를 극복할 수 있는 제품에 치중되는 경우가 많았다. 휠체어나 지팡이, 목욕 보조용품이 태반이었고 여기에 건강 보조식품이나 장례 품목이 더해지는 수준에 불과했다. 그러나 인생 경험이 두루 축적된 고령 인구는 결코 만만한 소비자층이 아니었다. 단순히 아이디어만 더한 상품이나 편의성을 높이기만 해서는 팔리질 않았다.

리슨 소장은 "극적인 시대 변화를 겪으며 살아온 베이비붐 세대 출신 노령 인구층이 이전처럼 먹고사는 것 자체를 최우선으로 지향할 것이라고 생각했던 것이 오판"이었다며 "유럽 고령화 시장을 공략하려는 기업들은 젊은이들처럼 세분화되고 다양한 소비 의욕을 가진 노년층 소비자를 겨냥한 주도면밀한 전략을 짜야 한다"고 조언했다.

영국 기업들은 나이 차별적이고 구시대적인 메시지를 사용하지 않기 위해 고령 직원을 제품 기획, 디자인, 커뮤니케이션 과정에 투입해 이들의 경험과 지식을 활용하는 경우가 늘고 있다. 노인들이 참여하는 테스트 그룹을 통해 제품과 서비스를 출시하기 전에 테스트하며 노인에 대한 정형화된 이미지 대신 현실적인 이미지를 반영하는 것. 글로벌 스킨케어 브랜드 도브는 '나이 듦은 아름답다'는 프로에이지(Pro-Age) 캠페인을 성공적으로 펼쳐 유럽 시장점유율을 대폭 늘렸다. 프랑스 요구르트 브랜드 다농은 액티비아 요구르트 마케팅을 하면서 '소화 건강'이라는 보편적 이슈에 중점을 뒀다. 2017년 얼루어 매거진은 스킨케어나 메이크업 관련 서술을 할 때 '안티 에이징'이라는 용어를 더 이상 사용하지 않겠다고 선언하며 선도적인 모습을 보였다.

일터의 주역
폴라 오르비스 화장품의 고령 직원들

나이가 들면 쓸쓸히 집에서 연금이나 복지제도에 의존해서 살아가야 할까. 여전히 일터에서 능력을 발휘할 체력과 의욕이 있는데도.

그런 고령층 직원을 현장 주역으로 적극 활용하는 기업이 있다. 일본 4대 화장품 브랜드 폴라 오르비스(Pola Orbis)는 현장 판매 영업사원으로 80~90대 직원을 고용하는 파격 실험을 벌이고 있다.

2021년 100세가 된 후쿠하라 씨는 2020년 9월 '최고령 미용

세계 최고령 미용 판매원으로 기네스북에 이름을 올린 후쿠하라

판매원(oldest beauty advisor)'으로 세계 기네스북에 올랐다. 기네스북에 세계 최고령 미용 판매원으로 이름을 올리려면 지속적으로 고객에게 판매 활동을 벌여야 하는 것은 물론, 인근 지역에서 업계 연수·회의에도 참석해야 한다.

후쿠하라 씨는 2019년 9월 열린 시상식장에 나이를 잊은 듯 온몸을 흰 슈트로 휘감은 채, 까르띠에 시계와 밤색 매니큐어 등 화려한 화장을 하고 나타나 나이를 잊은 듯한 감각으로 업계 참석자조차 놀랄 정도였다고 한다. 그는 2020년에도 히로시마 리죠(鯉城)의 영업점에서 근무 중이다.

2019년 폴라 오르비스의 판매 직종에 근무하는 직원 4만 5,000여 명 중 약 절반이 50대 이상이었다. 이중 90대 직원은 300명, 80대 직원은 2,600명에 달해 3,000명이 넘는 직원이 초(超)고령 직원이었다. 폴라 오르비스는 정년퇴직 후 고용계약을 다시 맺는 재고용 제도를 도입해 근무 연령 제한을 사실상 폐지하는 방식으로 고용 제도를 유연하게 바꿨다. 은퇴 후에도 시니어 세대의 재능을 최대한 활용하기 위한 취지다.

1929년 문을 연 폴라 오르비스는 여성 판매원이 드물었던 1930년대에도 교토 지점에서 여성 판매 직원을 적극적으로 채용하는 등 과거부터 파격적인 인재 활용법으로 주목을 받았다.

현재 폴라 오르비스의 상당수 50대 이상 직원은 주로 고령층 고객을 대상으로 판매 상담역을 맡고 있다. 나이 든 고객 입장에선 동년배 혹은 비슷한 세대의 직원이 상담해주는 것이 대화하기도 편하고, 이들이 제품을 권해줘야 더 믿음직스럽다는 반응이 많았기 때문이다.

1960년부터 무려 60년간 폴라 오르비스에서 일을 한 후쿠하라 씨는 '절대로 고객들에게 제품을 강권하지 말아야 한다', '매출이 오르는 것보다 고객이 아름다워지는 것이 더 중요하다' 등 변하지 않는 철칙을 갖고 일했던 점을 장수 영업의 비결로 꼽는다. 폴라 오르비스의 요코테 요시카즈 전 사장은 "고령층 고객은 같은 세대 미용원들이 접객하면 대화가 무르익고 마치 친언니처럼 상담하기 편하다고 입을 모은다"고 말한다.

후쿠하라 씨 이외에도 폴라 오르비스의 전국 매장 곳곳에선 고령 직원들이 활약 중이다. 요코하마 지점에서 근무했던 하마다 미요(1920년생) 씨는 1964년부터 약 50여 년간 영업을 뛴 베테랑이었다. 폴라 오르비스 영업직 사원 사이에선 전설로 통한다. 입사 당시 나이 44세에 전업주부였으나, 단골 화장품 직원에게 우연히 영업에 재능이 있다는 권유를 받아 일을 시작했다고 한다. 여러 시행착오를 거쳐 2016년엔 24년간 월평균 매출이 100만 엔에 달하는 '영업의 신'이 됐다. 한창 영업에 물이 올랐을 때는 남편의 월급에 필적할 정도로 적지 않은 돈을 벌었다.

폴라 오르비스는 몇 해 전부턴 미요 씨처럼 사내 영업의 달인이 수십 년간 쌓은 노하우를 후배들에게 전수해주는 프로그램도 운영, 시니어 직원들의 경험을 십분 활용하는 데 많은 공을들이고 있다.

일부 고령층 직원은 아예 직접 직영점을 운영하기도 한다. 도쿄 고가네이시에서 직영점을 운영하는 84세의 미쓰보시 레이코 씨는 12명의 판매 직원을 거느린 현역 오너다. 미쓰보시 씨가 운영하는 직영점은 80여 명의 단골을 거느리고 있는데, 미쓰보시 씨는 여전히 하루 1~2건 영업을 돌며 판매원으로 활동하고 있다. 무엇보다 당사자가 정년을 넘겨서도 일하는 것을 즐긴다. 새벽 5시에 일어나 아침 운동을 시작으로 집 안 청소, 세탁 등 집안일까지 다 마치고 나서야 출근을 하는데도 "고객과 만나는 시간이 너무나도 즐겁다"고 말한다. 폴라 오르비스에 따르면 이 직영점의 평균 매출은 다른 직영점의 7배 수준이다.

고령층 직원이 단순히 근로 의욕이 높은 것뿐 아니라, 두터운 경험을 토대로 뛰어난 실적을 올리고 있는 것이다.

고령층 대상의 화장품은 다른 화장품보다 비교적 판매 단가가 높은 한편, 브랜드 이미지보다는 기능과 효능으로 고객을 설득해야 하기에 상담역의 역할이 막중하다. 그럼에도 상당수가 이미 영업 노하우를 갖고 있던 데다, 근로 의욕도 높은 편이라

고객들의 요구를 하나하나 세심히 살피는 폴라 오르비스 직원들

좋은 성과를 내고 있다. 폴라 오르비스는 2017년 1월 업계 최초로 주름 개선 효과가 있는 미용액 '링클숏트'를 1만 6,200엔에 출시한 적이 있다. 다른 상품보다 다소 높은 가격이었음에도 고령층의 직원들이 현장에서 적극적으로 영업 전선에 뛰어든 결과, 2017년 매출액은 130억 엔에 달했고, 총 2년간 200만 개 넘게 팔리는 히트 상품이 됐다. 일부 직원들은 고객들이 회사나 판매점에 사용 후기 등을 보낼 때 고객들의 눈높이에 맞춰 손 편지로 일일이 답장을 쓰는 등 열정적인 근무 사례가 화제가 됐다.

물론 현장에서 영업사원이 열심히 뛰려면 근본적으로 본사 마케팅 전략이 합리적이어야 하고, 제품 품질도 뒷받침이 돼야 한다.

폴라 오르비스는 일부 주력 상품을 고령층을 대상으로 만들고 있지만, 따로 시니어 브랜드를 만들지는 않는다. 브랜드에 특정 연령층 제품이라는 이미지를 덧씌우면 젊은 층은 물론 고령층도 멀리하는 경우가 적지 않기 때문이다. 반면, 연령층 구분을 희미하게 해두면 고령층은 물론, 젊은 층도 함께 포섭할 수 있다.

중국 20~30대 고객들은 폴라 오르비스의 안티 에이징 제품에 '예방 미용'이라는 수식어를 붙이며 열광했다. 고령층 대상의 화장품 시장이 10여 년 전부터 꾸준히 상승곡선을 그리고 있다는 점도 시니어 직원을 활용할 수 있는 배경이다. '안티 에 이징' 화장품 시장은 매년 7~8%씩 성장 중이다. 시니어 세대 가 좋아하는 여러 기능을 한 제품에 모은 '올인원' 상품도 매년 10%씩 빠르게 성장 중이다. 일본의 간판 화장품 기업인 시세 이도는 2012년 '단카이 세대'가 60세에 접어드는 것을 계기로 50대 이상의 여성 6,672명을 대상으로 설문 조사를 실시한 적 이 있다. 이 조사에서 많은 여성들이 50대 중반에 접어들면 피 부 상태가 급속하게 노화된다는 것을 자각하는 사람들이 많아 진다는 답변이 대부분이었다.

폴라 오르비스가 수백 명 넘는 고령층 인재를 활용할 수 있 는 것은 일본 정부가 나이와 상관없이 계속해서 일할 수 있도 록 제도적 여건을 마련한 덕분이다. 2006년 고연령자 고용 확 보 조치를 의무화해 기업들은 정년제 폐지, 정년 연장, 계속 고 용 제도 등 세 가지 조치 중 하나를 반드시 도입해야 한다. 최 근엔 저출산·고령화로 인해 생산 가능 인구가 급감해 노동력과 연금 재정 부족에 대한 우려가 커짐에 따라 정년을 70세로 늘 리는 방안도 추진 중이다.

지난 2013년 법적 정년 연령을 65세까지 연장한 적이 있다. 당시 일본 정부는 기업 입장에서 제도 시행에 따른 부담을 덜

수 있도록 조정안을 마련했다. 재고용 시 파트타임 고용이 가능하고, 임금이나 처우를 바꿀 수 있도록 했다. 기업의 고령 인력 고용을 촉진하기 위한 다양한 조성금 제도도 도입했다. 인력난이 심한 유통·택배·콜센터업계 등에서는 이러한 제도를 적극적으로 활용해 본사 허가 없이도 고령층의 인재 채용을 허용하는 제도를 만드는 등 고령 인재를 활용하려 안간힘을 쓰고 있다.

　물론, 모든 기업이 쉽사리 시니어 인재 활용법을 찾는 것은 아니다. 특히 제조업 분야는 고령층 인재 활용에 대한 고민이 깊다. 2019년 10월 자동차 기업 도요타의 도요타 아키오 사장은 자동차공업회 기자회견장에서 "기업 입장에서 인센티브가 없다면 종신고용제를 유지하는 것이 어려운 국면에 접어들었다"고 털어놓은 적도 있다. 직원들이 50대를 넘기면 근로 의욕은 떨어지는 한편, 그들이 갖고 있는 스킬을 활용하는 데는 애를 먹는다는 취지였다. 이에 일부 기업들은 재교육 프로그램으로 고령층 직원의 활용도를 높이려 한다. 일본의 대표 주류 기업 산토리 HD는 2013년 정년을 60세에서 65세로 올리는 대신, 58세 이상의 시니어 사원을 대상으로 매년 1박 2일 연수를 받게 한다. 미타니 산업은 제조 현장에서도 65세 이상의 고령층을 고용하되 매년 건강검진과 체력·지능 테스트를 받는 것을 필수로 하고 있다.

핀란드 스타트업의 새로운 도전
노키아 기술로 디시오르
헬스케어 시장 진출

노키아는 1990년대~2000년대 약 20여 년 동안 핸드폰 사업 세계 1위 기업이었다. 핀란드 국내총생산(GDP)의 4분의 1을 차지할 정도였다. 노키아가 모바일 사업을 철수한 뒤 핀란드 정부는 재기를 위한 발판으로 바이오·헬스케어 산업을 택했다. 만성질환을 앓는 고령 인구의 증가가 새로운 창업 기회를 열 것으로 판단했기 때문이다.

이에 핀란드에서 병원은 '바이오 스타트업의 요람'으로 꼽힌다. 수도 헬싱키 권역 최대 병원인 헬싱키대 병원(후스병원·HUS)

만 해도 의료 관련 스타트업 100여 개와 협력하고 있다. 의대 도서관에 협업 공간도 마련되어 있다. 의사들은 수시로 비즈니스 아이디어를 제공하거나 수정해준다. 의사들이야말로 헬스케어 벤처의 최대 고객인데 고객과 수시로 소통하고 아이디어를 나눌 수 있다보니 기업에게 이보다 더 좋은 환경이 있을 수 없다.

후스병원 협업 스타트업 중에서 사업화에 성공해 세계적인 주목을 받는 회사가 있다. 바로 2016년 설립된 '디시오르(Disior)'다. 노키아에서 20년간 근무한 엔지니어 안나-마리아 헤넬이 노키아의 몰락으로 뜻하지 않게 인생 2막을 열게 된 회사다. 당시 헤넬은 후스병원 의사들로부터 3D 영상 판독 장비를 만들 수 있겠냐는 요청을 받았다. 엑스레이나 컴퓨터 단층촬영(CT), 자기공명영상(MRI) 정보를 보다 정확하게 해석하고 싶다는 게 의사들의 요구였다.

정형외과 전문의 자리 살로(Jari Salo)는 "의료기술이 상당 수준으로 발달한 오늘날까지 영상의학 자료는 2D로만 분석됐다"며 "이는 마치 한 눈을 감고 본 자료를 기반으로 진단을 내리는 것과 마찬가지로 의료 행위 시 제약이 많다"고 말했다.

의사의 고충을 들은 헤넬은 노키아에서 2010년 초반 쓰이던 3D 분석 기술을 떠올렸다. 신규 핸드폰 모델은 제품화되기 전

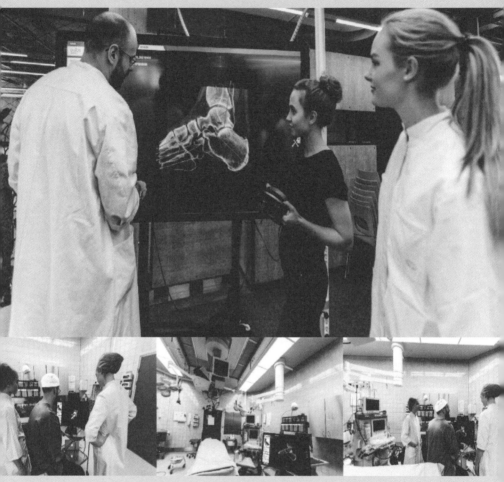

3D 영상 판독 장비로 의료계에 혁신을 일으킨 디시오르

까지 가상현실에서 디자인 및 테스트하기 때문에 3D 이미지를 구현하는 것은 노키아 신제품 개발의 필수 분석 도구였고, 수백 명의 엔지니어가 해당 기술을 연구해왔다. 헤넬은 노키아 몰락 직후 해직 위기에 놓인 엔지니어들을 고용해 엑스레이, CT, MRI 이미지를 수학적 모델로 전환한 뒤 3D 이미지로 구축하거나 3D 프린팅해 모형을 만드는 기술을 개발했다.

헤넬은 외신과의 인터뷰에서 "의사들과 현장에서 필요한 의료 기술에 대해 듣지 못했더라면 노키아의 기술은 애물단지가 됐을 가능성이 크다"며 "의료 분야의 잠재성을 확인한 뒤 휴대폰 개발에 사용되는 소프트웨어의 용도를 변경했고, 단 몇 분 만에 3D 의료 영상 데이터를 세분화, 정량화 및 모델링하는 기술을 개발했다"고 말했다.

미국 로이터에 따르면, 2019년 기준 글로벌 영상 진단 시장은 340억 달러로, 2027년 430억 달러 규모로 성장할 전망이다. 미국 기술 기업 IBM은 의학 데이터 시장에서 진단 이미지 분야가 최소 90%에 달한다고 추정했다. 영상의학이 헬스케어 빅데이터 산업의 주축이자 인간, 즉 의사의 능력만으로는 활용하는 데 한계가 있다는 의미다. 인간 노동력과 비용을 줄이고, 정확도를 높여 환자와 의사를 동시에 돕는 데이터 분석 기술이 필요하다는 의미다.

미 경제매체 《포춘》은 인공지능(AI)이 영상의학 시장을 획기적으로 변화시킬 기술로 꼽았다. 의사의 실력과 경력, 또는 감에 의존하지 않고 AI 소프트웨어가 환자의 영상을 분석 및 진단하고, 최적화된 치료법까지 내놓을 수 있다는 얘기다. 만약이 기술이 더 발전한다면, 굳이 병원을 찾지 않아도 가정 내에서 자가 진단까지 가능해진다.

디시오르는 AI가 의학 기술 시장에 가져올 변화를 미리 예상하고 기술 개발 초반부터 AI를 적용해 분석 자동화에 집중했다. 어떤 상황에서 어떤 의사가 진료를 봐도 객관적이고 정확한 진단을 내리도록 AI 분석의 오차를 줄이는 게 디시오르의 목표다. 정확한 판독을 위해 영상 자료의 분석 수준을 매년 높이고 있다.

헤넬에 따르면, 디시오르 소프트웨어는 세 가지 장점이 있다. 첫째, 의료 영상 처리 시간을 95% 가까이 단축했다. 환자를 촬영한 뒤 해부학적인 3D 영상을 만드는 데 5분이 채 걸리지 않는다. 둘째, 판독의 정확도를 높였다. 디시오르 기술은 데이터 분석을 수차례 반복해 임상 지표의 오류를 최대한 줄인다. 이러한 반복 작업의 횟수를 매년 더 높이고 있다. 셋째, 생생한 시각 자료 덕분에 환자에게 병리학적 상태를 설명할 때 이해도를 높일 수 있다. 2D 흑백 화면에 찍힌 엑스레이 사진 대신 3D 모형을 직접 보면서 진료를 받을 수 있기 때문이다.

헤넬은 2019년 기업설명회에서 "디시오르는 의사들이 환자를 치료할 때 가능한 가장 좋은 도구를 사용해야 한다는 신념으로 시작한 회사"라며 "어릴 때 장래희망이 의사였는데, 이렇게라도 꿈의 절반가량을 이룰 수 있어 기쁘다"며 웃었다.

디시오르 엔지니어들은 지금도 기술 개발에 박차를 가하고 있다. 현재 가장 집중하는 분야는 정형외과로, 발목, 두개골, 턱 골절 연구에 중점을 둔다. 디시오르 소프트웨어는 환자의 CT와 MRI 이미지를 소스 데이터로 활용해 모양, 크기, 각도, 부피, 거리 등을 진단 매개 변수로 포괄적인 데이터를 생성한다. 이러한 데이터는 구조적 움직임을 모델링하고, 기능 테스트를 거쳐, 수술 전후 시나리오를 비교할 수 있도록 3D 시각화한다. 지금까지는 이러한 분석을 위해 전문의가 눈과 손으로 환자의 상태를 살펴야 했고, 수술을 결정하기까지 최대 몇 주가 소요됐지만, 디시오르 소프트웨어를 사용하면 몇 시간 내로 모든 진단을 끝낼 수 있다.

디시오르는 코로나 19에도 불구하고 현재 해외 진출에 시동을 걸었다. 2021년 2월 미국 식품의약국(FDA) 승인을 받았다. 미국뿐 아니라 유럽, 아시아 등 8개국에서 장비 테스트를 진행 중이다.

새로운 기술 개발에 전력투구하는 디시오르 직원들. 왼쪽에서 두 번째가 헤넬 대표다.

헤넬 대표는 디시오르를 설립하고 헬스케어 기술 개발에 매진할 수 있었던 비결은 핀란드 정부가 강력하게 추진하고 있는 '헬스케어 혁신' 덕분이라고 말한다. 핀란드는 작은 나라지만 창업 천국이다. 매년 4,000개 이상 스타트업이 탄생한다. 문재인 대통령이 핀란드의 혁신적 스타트업 생태계를 본받겠다고 했을 정도다.

이를 가능하게 한 원동력은 병원을 새로운 기술을 테스트하는 스타트업의 주 무대로 만들었기 때문이다. 예를 들어, 핀란드 정부는 2016년부터 2018년까지 3년간 '가상 병원 2.0(The Virtual Hospital 2.0)' 프로젝트를 진행했다. 환자들이 집에서 화상 통신 등을 이용해 의료인들로부터 헬스케어 서비스를 받기 위한 솔루션 개발이었다. '헬스 빌리지(Health Village)'라고도 불린 이 프로젝트에 헬싱키대, 쿠오피오대, 탐페레대, 투루쿠대, 오울루대 병원 등 핀란드 내 5개 권역 대학병원들이 모두 참여했다. 병원들의 적극적인 참여는 국가, 지자체가 주도하는 공공 의료가 전체 의료 서비스의 90%를 점유해 가능했다.

핀란드 병원들은 단순히 솔루션 개발에 그치지 않았다. 개발 과정에서 쌓인 아이디어와 지적 재산을 창업 마중물로 활용했다. 이렇게 탄생한 기업은 디시오르 외에도 많다.

원격의료 서비스 플랫폼 업체 '비디오 비지트(Video Visit)'는 헬싱키 시와 윈-윈 관계다. 거동이 불편한 노인 홈케어를 전적으로 책임지는 시 정부의 예산 절감과 돌봄 서비스 효율을 높이기 위한 시도의 결과물이다. 고혈압이나 당뇨, 알츠하이머 같은 만성질환 노인 환자들과 간호사, 의사 등 의료인에게 태블릿을 제공하면 이들은 태블릿을 통해 정기적으로 소통한다.

핀란드는 시 정부 책임 아래 간호사가 의무적으로 만성질환 노인 가정을 방문하도록 규정하고 있다. 여기서 발생하는 막대한 인건비가 시 정부의 고민거리였는데, 비디오 비지트 서비스 이후 비용을 상당히 낮췄다. 헬싱키 시만 해도 원격의료를 이용하는 노인들에게서 간호사 방문 비용의 85%를 절감할 수 있게 됐다. 그로 인해 연간 900만 유로(약 120억 원) 예산을 줄일 수 있었다.

'프랙티게임'도 후스병원 가상현실 랩에 입주한 스타트업 중 하나다. 의대에서 간호사, 의사 과정을 밟고 있는 학생들이 가상현실을 활용한 게임을 통해 현장과 유사한 교육을 받을 수 있도록 도와주는 프로그램을 개발했다. 프랙티게임 관계자는 "프랙티게임은 의사들이 필요로 하는 특정 부분을 가상현실을 통해 해결해줄 수 있는 '게이미피케이션'을 개발·공급하고 있다"며 "후스병원을 비롯해 정부의 펀딩과 시 정부 등의 지원이 스타트업에게는 굉장히 큰 도움이 된다"고 말했다.

시니어를 위한 VR 기술
VR 회사 렌데버

벽돌만 한 가상현실(VR·virtual reality) 헤드셋을 착용한 시니어들은 눈앞에 펼쳐진 광경에 연신 감탄사를 쏟아냈다. 바닷속 스쿠버다이빙 영상을 보며 "와, 저 물고기 좀 봐!"라며 허공을 향해 손을 휘젓는다. 입가에 어린아이처럼 웃음이 번졌다.

그러다 갑자기 한 할머니가 입술을 떨며 눈물을 흘렸다. VR 영상을 통해 과거 젊은 시절 살던 집에 온 것이다. 그는 "세상에서 가장 아름다운 장소다. 뒷마당에서 (돌아가신) 남편이 잔디를 깎는 모습이 보인다"며 떨리는 목소리로 회상했다.

올해 102세라고 자신을 소개한 할머니 아이린은 젊은이들이 가득한 술집(bar)에 가보는 게 소원이다. 그는 VR 영상을 보면서 "바텐더 앞에 앉아보지 못한 지 50년도 넘었다"며 혈기왕성한 청년들이 맥주병을 들고 분주하게 움직이는 장면에 입을 다물지 못했다. 91세 할머니 에블린은 연신 웃음소리를 내며 "이런 걸 어떻게 만들었냐?"며 "매일 보고 싶다. 정말 재미있다"며 연신 감탄했다.

이는 VR 제작 업체 '렌데버(Rendever)'가 제작한 시니어용 VR 디바이스다. 렌데버는 2015년 미국 매사추세츠공과대학교(MIT) 경영대학에 재학 중인 두 청년 리드 헤이스와 데니스 랠리가 공동 창업했다. 실버타운과 요양원에 사는 시니어가 무료하고 심심하게 하루하루를 보내거나, 몸이 불편해 사회와 단절되면서 무력감을 겪는 모습에 마음이 아파 해결책을 찾다가 VR 콘텐츠를 만드는 창업 아이디어를 떠올렸다.

특히 헤이스는 치매에 걸린 장모를 안타깝게 보내면서, 고립감이 어떠한 질병보다 생명을 단축시킨다는 사실을 깨달았다. 그는 사업설명회에서 이렇게 말했다.

"나의 장모 테레사는 인생에서 가장 중요한 가치는 여행과 가족이라고 입버릇처럼 말해왔다. 10년 전 그녀가 치매 진단을 받았을 때 우리는 곧바로 가장 좋은 시설에 모시고, 매일 방문하며 최선을 다해 치료를 도왔다. 그런데 우리가 아무리 노력해도 그녀는 고립감을 견디지 못했고, 무척 힘들어했다. 여행을 갈 수도, 심지어 멀리서 열리는 아들의 결혼식에도 참석할 수 없었을 때 그녀는 '세상이 무너지는 것 같다'며 무력감을 토로했다. 이때 의사는 테레사에게 우울증이 시작됐다고 진단했다. 우울증은 치매를 놀라운 속도로 가속화했다. 활동적이었던 테레사는 그렇게 치매 발병 3년 만에 눈을 감았다. 만약 그녀가 프랑스·이집트·아이슬란드·인도 등 세계 각지로 여행할 수만 있었어도, 우울증이 찾아왔을까?"

헤이스는 자신의 경험을 공유하며 "우리 모두가 반드시 언젠가는 겪을 일"이라고 강조했다. 부모의 노화는 피할 수 없는 일이고, 이때 자식이 아무리 노력해도 홀로 남은 시니어의 외로움을 달래주기에는 한계가 있기 때문이다.

이때 VR 기기는 상상 이상으로 긍정적인 효과를 발휘한다. 젊은 사람들도 생소한 이 VR 기기 하나로 시니어는 충분히 외출한 듯한 느낌을 받는다고 말했다. 집에서 하루 종일 봐오던 TV와는 차원이 다른 즐거움이라는 얘기다.

이 때문에 VR과 같은 4차 산업혁명 기술은 의외로 밀레니얼 세대보다 시니어에게 더 필요하다. 거동이 불편해질수록 즐길 수 있는 여가는 한정되기 때문. 시니어들은 나이가 들수록 체

전 연령층에게 사랑받는 렌데버의 VR 기술

력이 약해지더라도 세상을 둘러보고, 새로운 구경을 하고 싶은 마음은 젊은이들과 다를 게 없다고 말한다. 직접 비행기를 타고 파리를 방문하지 못한다면, 에펠탑 VR만으로도 충분히 고립감이 해소될 수 있다.

미국 보스턴 외곽 소머빌에 위치한 랜데버에는 10여 명의 직원이 근무하고 있다. 넓은 책상에는 작업용 컴퓨터와 기기들, 그리고 제작한 영상 콘텐츠를 시현하고 확인할 수 있는 작은 부스가 있다. 미국 내 39개 주 100개 이상의 실버타운에 제품과 콘텐츠를 보급하고, 미국 외 캐나다와 호주로 사용 지역이 확장되고 있는 유망한 스타트업치고는 다소 소박한 모습이었다.

랜데버가 창업 초기부터 주목을 받은 건 아니다. 7년 전만 해도 직접 영상을 촬영한 뒤 VR 콘텐츠를 만들어 삼성 스마트폰에 장착하는 방식으로 사업을 시작했다. 노년층을 겨냥한 VR 영상이라는 점에 업계는 생소했지만, 시장에서는 의외로 반응이 뜨거웠다. 덕분에 렌데버는 2017년 MIT 경영대학원으로부터 '헬스케어 혁신상'을 받고 2만 5,000달러의 상금을 받았다. 이후 VR 하드웨어 기업인 오큘러스와 파트너십을 맺고 렌데버용 헤드셋을 직접 만들기 시작했다.

렌데버에 따르면, 우울증 진단 수치가 50%까지 오른 사람의 70%는 장기 입원 치료가 필요하다. 이들은 최악의 경우 인지

능력 장애를 겪는다. 특히 이미 치매에 걸린 환자가 우울증을 겪으면 증상이 급격히 나빠진다.

창업자 랠리는 렌데버 VR 콘텐츠가 치매 증상 호전에 실제로 효과가 있었다고 말했다. "치매에 걸린 한 남성 환자를 만난 적이 있는데, 휠체어에 앉아 허공만 바라봤다. 혼자 밥을 먹을 수도, 대화를 할 수도 없는 상태였다. 그에게 빈센트 반 고흐의 〈별이 빛나는 밤〉이 담긴 VR 영상을 보여주니 모든 게 변했다. 그는 허공을 향해 손을 뻗어 그림을 만져보려는 듯한 제스처를 취했다. 이후 주변 사람들에게 30분간 그가 봤던 영상을 자랑했다."

렌데버에 따르면, VR 콘텐츠를 이용한 사람들의 40%가 "더 행복해졌다"고 응답했다.

렌데버는 아직 개인보다는 실버타운과 주간 보호센터 등의 기관을 중심으로 활용되고 있다. 기관들이 매달 300~400달러의 구독료를 지불하면 태블릿과 VR 기기 패키지와 VR 콘텐트를 사용할 수 있고, 기술적 지원 및 활용 방법 지원도 받을 수 있다. 기관들은 여러 번 사용해도 추가 비용이 없는 렌데버가 직접 강사를 초청해 활동 프로그램을 운영하는 것보다 훨씬 저렴하다고 했다.

콘텐츠는 날로 진화 중이다. 5년 전만 해도 주로 구글맵을 활용해 미국 그랜드캐니언, 옐로스톤 혹은 이탈리아 베니스 운하 등 주요 관광지를 촬영해 '여행'에 초점을 맞췄는데, 최근에는 공연장·전시회를 방문해 집에서도 예술 작품을 감상할 수 있는 콘텐츠도 나왔다. 심지어 태양계 혹은 바닷속에서 스쿠버다이빙을 하는 이색 프로그램도 있다.

또 시니어가 직접 움직이며 참여하는 프로그램도 있다. 예컨대, 2020년 2월 14일 밸런타인데이에는 컵케이크 제작 과정을 뉴욕 유명 베이커리인 매그놀리아 베이커리와 함께 제작했다. VR 요리 강습은 유튜브의 쿠킹 영상과 비교해 시선을 움직일 수 있어 마치 오프라인에서 강습을 받는 것 같은 착각을 준다. 이 때문에 몰입감과 즐거움이 훨씬 크다.

스포츠 콘텐츠에도 VR 적용을 할 경우 생동감이 배로 커진다. 렌데버는 2019년 슈퍼볼 우승팀 뉴잉글랜드 패트리어츠의 보스턴 퍼레이드 장면을 직접 촬영해 보스턴 인근 시니어센터, 실버타운 등에 제공했다. VR 영상을 본 체험자는 "퍼레이드 도중 하늘에서 떨어지는 다양한 색종이가 실제로 내 앞에 있는 듯한 착각을 할 정도로 선명했다"고 전했다. 경비행기에서 스카이다이빙을 하는 콘텐츠에 대해서는 "스피커로 바람 소리와 사람들이 환호하는 소리가 들려 아찔했다"고 말했다.

렌데버는 앞으로 VR 기기에 피트니스를 접목할 계획이다. 차

노인 우울증과 치매 증상 호전에도 효과를 보인 렌데버 VR 콘텐츠

를 타고 헬스장까지 오가는 수고를 덜고 집에서도 가볍고 재미있게 운동을 유도하기 위해서다. 닌텐도 게임기와 비슷한 방식인데 VR 화면으로 좀 더 재미를 더했다. 예를 들어, VR 기기를 움직여 콘텐츠에서 나오는 풍선을 터트리는 게임을 하면, 몸과 목을 좌우 아래로 움직이게 된다.

렌데버는 앞으로 시니어 건강 증진 및 치료 목적용 콘텐츠에 집중할 계획이다. 랠리는 "앞으로 치매, 우울증, 고립감 등을 예방하고, 치료하는 목적의 콘텐츠를 중심으로 개발할 것"이라고 했다.

VR 시장은 날로 빠르게 성장 중이다. 시장조사 업체 스태티스타에 따르면, VR 산업의 세계시장 규모는 2018년 26억 달러, 2019년 33억 달러를 시작으로 2023년에는 51억 달러로 성장할 전망이다. 연평균 30% 성장하는 셈이다. 국내 성장세는 더 빠르다. 정보통신정책 연구원에 따르면, VR 분야의 국내시장 규모는 2016년 1조 2,678억 원 수준에서 연평균 41%씩 증가하고 있다.

렌데버의 가능성을 보고 시니어용 VR 콘텐츠를 만드는 업체는 우후죽순 늘어나고 있다. 그중에서도 렌데버가 다른 VR 회사와 차별화된 점은 시니어를 위해 최적화된 기술을 적용했다는 점이다. 렌데버는 사용자의 어지럼증을 최소화하는 기술을 사용한다. 아울러, 시니어는 VR 기기만 사용하고 스태프가 기기를 작동하고 조정하도록 태블릿 PC를 활용하도록 만들었다. 새로 나오는 콘텐츠는 매달 기관에 클라우드 서버를 통해 제공된다.

02

시니어, 인생을 즐기다

사랑에 빠진 시니어
고령층 전용 데이팅 앱 50 플러스매치

📱　　고령층이라고 해서 왜 사랑을 모르겠는가. 한국에서도 지난 10여 년간 이성교제와 성생활에 대한 욕망을 숨기지 않고, 동거·재혼에까지 이르는 고령층들이 크게 늘고 있다. 통계청의 '2021 고령자통계'에 따르면, 2000년부터 20년 동안 65세 이상의 재혼 건수는 남성은 3배, 여성은 8배가량 증가했다. 2020년 기준 남성의 재혼 건수는 2,966건, 여성의 재혼 건수는 1,621건이었다. 같은 기간 모든 연령대의 재혼 건수가 줄어든 것과 비교해보면 황혼 재혼 건수는 정반대의 추세다. 관련

50plus ♡atch

 48% man   52% vrouw • Alleen 50-plussers • 99% beveelt ons aan

Inloggen

Ik ben een	⊙ Man 👤	⊙ Vrouw 👤
Ik zoek een	⊙ Man 👤	⊙ Vrouw 👤

Nickname — *Kies je nickname*

E-mailadres — *Is niet zichtbaar op de website*

Wachtwoord — *Kies je wachtwoord*

Ja, ik ga akkoord met de algemene voorwaarden

GRATIS INSCHRIJVEN

Dating voor actieve 50-plussers

- ✓ Stuur persoonlijke berichten
- ✓ Chat met leden die online zijn
- ✓ Praat mee op Things2Share
- ✓ Speel de online quiz met andere leden

 Handmatige controle van alle profielen

 3.176.996 verstuurde berichten dit jaar

 Ook daten op je smartphone en tablet

철저한 고객 관리 서비스를 통해 이용자들의 신임을 받고 있는 50 플러스매치

연구에 따르면, 고령층은 자녀와의 관계 못지않게 이성 친구와의 친밀감이 '심리적 복지'에 영향을 끼치는 것으로 나타났다. 교제나 동거에 머무르는 고령층의 규모는 황혼 재혼을 한 이들보다 훨씬 클 가능성이 크다. 자녀와의 관계나 재산 등의 문제로 혼인신고를 하지 않기 때문이다.

2006년 문을 연 네덜란드의 고령층 전용 데이팅 회사인 '50 플러스매치'는 50세 이상 고령층의 연애를 돕는 회사다. 이 회사의 고객의 사용 비율을 보면, 55~60세가 30%로 가장 많다. 다음은 50~55세(26%), 60~65세(24%), 66~70세(10%), 71~75세(5%), 76~80세(2%) 등의 순이다. 80세 이상 가입자도 약 1%를 차지한다. 남성과 여성 사용자의 비율은 거의 비슷하다. 회원 가입비는 무료지만, 한 달에 약 20파운드의 사용료를 내야 한다.

한 해에도 수많은 데이팅 앱(애플리케이션)이 등장하고 있지만, 이 회사는 고령층 고객만 집중 공격해 네덜란드뿐 아니라 벨기에, 스웨덴, 덴마크, 노르웨이, 핀란드 인근 국가로도 진출했다. 이 앱으로 수십만 명의 유럽 고령층이 서로의 연애 상대를 찾는다. 꽤 오랜 기간 고령층 전용 연애 플랫폼으로 입지를 쌓은 덕분에 네덜란드에선 '80세가 넘은 초고령층도 연애 상대를 찾을 수 있는 연애 사이트'로 입소문을 탔다. 네덜란드 최대 소비자 리뷰 프로그램인 '카사(Kassa)'도 이 회사 서비스에 높은 점수를 췄다고 한다.

네덜란드도 한국처럼 고령화 속도가 빠른 편이다. 2050년엔 인구 10명 중 4명인 약 670만 명이 50세 이상의 고령층일 것으로 전망된다. 고령층 데이팅 앱이 어색한 조합으로 느껴질지 모르겠지만, 지금의 고령층은 온라인 연애가 어색하지만은 않은 세대다. 온라인 데이팅은 1995년 넷스케이프가 매치닷컴을 만들면서 본격화했으며, 그 뒤 우후죽순 생겼다. 국내에선 세이클럽, 버디버디 같은 메신저가 X세대에게 애인 찾기 수단으로 인기를 얻었던 것도 이 무렵이다. 야금야금 영토를 넓혀가던 온라인 데이팅은 2007년 아이폰이 출시되면서 스마트폰이란 무기를 얻어 폭발적으로 증가하기 시작했다.

온라인 연애의 보편화와 고령화·황혼 이혼의 증가 추세는 50 플러스매치에게 기회였다. 온라인 연애 시장은 2019년 2조 2,300억 달러에서 2025년 3조 5,920억 달러로 늘어날 전망이다. 마케팅 회사 GfK가 미국인을 대상으로 정기적으로 조사하는 '어떻게 만나서 사귀는가(How Couples Meet and Stay Together)' 보고서를 보면 온라인을 통해 만났다는 연인들 비율은 1995년 2%에서 2017년 39%로 20배가량 증가했다. 같은 기간 친구 소개는 33%에서 20%, 가족 소개는 15%에서 7%, 직장 동료 소개는 19%에서 11%, 대학 시절 만남은 9%에서 4%, 교회에서 만남은 7%에서 4%를 비롯하여, 다른 모든 응답 항목이 예외 없이 하락하고 온라인 데이팅이 그 자리를 메웠다. 현지 언론인 RTL 뉴스는 "이미 많은 50대들이 인터넷이 익숙한 존재이기에 인터넷 사이트로 연애 상대를 찾는 것이 결코 부담스러운 일이 아니게 됐다"며 "현재 네덜란드 싱글족이 약 300만 명인데, 이 중 50대 이상 고령층도 상당하다"고 분석한다.

온라인 데이팅 앱이지만 서비스 운영 과정에서 디테일한 부분은 고령층의 취향에 부응하려 한다. 예컨대, 이 회사는 모든 고객 응답에 대답하는 게 철칙(鐵則)이다. 연애라는 지극히도 개인감정을 다루는 회사인 만큼, 고객 감정 하나하나 신중하게 대처하겠다는 취지다. 프로필 사진만 보고 즉석 만남을 잇는 젊은 층 타깃의 데이팅 앱과 달리, 만남 주선 과정도 고령층 눈높이에 맞게 설계됐다. 취미나 대화 주제를 공유하는 절차를 마련해놓는 한편, 첫 만남에서 어색한 분위기를 누그러뜨려주려 온라인 퀴즈 등 다양한 장치를 마련해놨다. 또한 고령층을 겨냥한 사기 연애 시도를 방지하기 위해 직원들이 회원 가입 후 일일이 프로필 체크를 실시한다.

고령층 대상 서비스이지만 IT업계와 트렌드 변화에도 꽤 민첩하게 대응해 주목을 받았다. 2020년 코로나 팬데믹으로 연애 자체가 어려워진 상황엔 영상통화 서비스를 재빨리 내놨다.

온라인 데이팅 앱을 통해 고령층 역시 다양한 연애 상대를 손쉽게 찾을 수 있다.

코로나 팬데믹으로 외출이 어려워져 집안에 콕 틀어박혀 외로움이 커진 상황을 역(逆)이용한 것이다. 그 결과, 회원 간 메시지 수는 116%, 사용자 수는 15% 더 늘었다. 앱을 통해 맺어진 커플 수는 전년 동기 대비 2배 가까이 늘었다. 영상통화 기능으로 연애 상대를 찾을 길을 열어주자, 오히려 이용자가 급증한 것이다.

그런데 온라인 데이팅 시장이 모두 '블루오션'인 것은 아니다. 틴더 등 대형 업체들은 기회가 있을 때마다 소형 업체들을 집어삼켜 덩치를 어마어마하게 불리고 있다. 페이스북 등 실리콘밸리 빅테크 기업들도 호시탐탐 이 시장 진출을 노리고 있기 때문이다. 50플러스매치는 'e매칭'이라는 연애 앱도 운영 중인데, 이러한 공룡 기업들의 시장 진출로 네덜란드에서도 회원 수와 시장점유율이 급격하게 떨어지는 중이다. 50플러스매치 간부는 최근 현지 언론과의 인터뷰에서 "30~50대 젊은 층의 데이팅 앱 시장이 성장하는 것은 맞지만, 젊은 층이 유료 사이트에 거부감을 느끼는 등 복합적인 이유로 최근 이용자 수가 떨어졌다"며 "반면, 고령층 대상 서비스는 이용자 수나 서비스 운영 측면에서 안정적인 편"이라고 말했다.

이웃 나라인 프랑스에서도 고령층 대상 연애 시장이 급성장하고 있다. '클럽 50+', '싱글즈 50', '엘리트밋츠시니어' 등 최근 몇 년간 여러 서비스가 고령층을 끌어들이고 있다. 프랑스 대표 일간지 《르몽드》는 2021년 2월 고령층 데이트 사이트에 대해, 「사랑엔 나이가 없다(Sur les sites de rencontres pour seniors, l'amour n'a pas d'âge)」는 제목의 기사에서 "실버 이코노미의 폭발적인 성장으로 60세 이상을 겨냥한 서비스와 상품이 급성장하고 있다"며 "50세 이상을 겨냥한 연애 사이트도 급증하고 있다"고 분석했다.

경쟁이 치열해지다보니 일부 데이팅 앱은 타깃 고객을 좁혀 고객 확장에 나선다. 고령층 여성을 타깃으로 한 소셜 미디어 앱도 등장했다. 'DisonsDemain'이 대표적이다. 프랑스 대표 데이팅 앱인 'Happn'에서 일했던 3명의 직원들이 회사를 떠나 세운 회사다. 고령층 여성이 새로운 애인이나 친구를 많이 만드는데 관심이 많다는 것을 전 회사에서 여러 차례 피부로 느꼈기에, 이들의 취향을 겨냥한 맞춤 서비스를 내놓은 것이다. 사용료가 한 달에 약 30유로라 결코 싼 편은 아닌데, 2021년 회원 수가 170만 명에 육박한다. 몇 년 새 5배 넘게 급증했다.

다만, 홈페이지, 모바일 페이지, 광고물 등 그 어디에도 '고령층(Senior)'이란 단어를 절대 쓰지 않는다. 회원 대부분이 연애를 갈망할 만큼 젊고 강렬하게 살고 싶어 하기 때문이다. 이 서비스를 쓰는 회원 중 상당수가 2~3번째 만남에서 섹스를 갖는

데 부담이 없다고 답했다. 코로나 팬데믹 속에서도 이 서비스의 회원 간 메시지 수는 1년 전보다 24% 늘었다. 코로나 팬데믹이 한창이던 2020년 8월 새 회원 가입자 수는 전년 동기 대비 48%가 늘었다.

연애뿐 아니라 취미 등을 공유하는 소셜미디어 서비스도 각광을 받고 있다. 2011년 출발한 그루피즈(GROOPIZ)는 여행, 취미 활동을 혼자 즐기기 꺼려하는 실버세대를 위한 사회적 관계 유지 플랫폼이다. 15~30명이 함께할 수 있는 여행 상품이 주력 상품·서비스다. '네팔 하이킹', '나일강 크루즈' 등 약 1,000유로(약 140만 원) 안팎의 여행 상품이나 액티비티 상품을 기획해 고령층을 끌어들인다. 단순히 여행 상품만 파는 것이 아니라 회원들끼리 사진을 교환하고, 여행 팁을 물어보고 추천을 해주는 기능도 만들었다. 회사 측은 "50~70세 고령층은 이것저것 요구하는 게 많아 다른 연령층보다 까다로운 편이지만, 한번 서비스를 이용하면 좀처럼 다른 곳으로 옮기지 않아 안정적인 수입원이 된다"고 설명한다.

춤추라, 아무도 바라보고 있지 않은 것처럼
시니어 댄스 꽁우티위·탕더우

꽁우티위(共舞体育)는 지난 2017년 3월 16일 위엔요우, 리우파민, 동원쥔 세 사람이 공동으로 설립한 벤처기업이다. 최고경영자(CEO)는 위엔요우가 맡았다. 그는 호주 시드니대 석사를 마치고 호주 공인회계사회 회원으로 등록된 국제통이다. 중국 중남재경정법대 석사과정 협력지도사(조교)로 일한 경력도 있다. 꽁우티위 설립 전에는 금융·재정 관련 정보를 공유하는 온라인 웹사이트 이치하오(一起好)를 설립한 바 있다. 싱가포르 국영 투자회사 테마섹홀딩스(Temasek Holdings) 산하 푸딩크레디트 결재팀 책임자도 지냈다. 리우파민은 MBA를 졸업한 뒤 중국화전그룹투자회사 프로젝트 매니저로 일하고, 롱펑홀딩그룹 부회장, 이안의료 CHO 등을 역임했다. 동원췬은 대학 영어교사 출신으로 베이징태극그룹, 션마슈마, 아시아인포테크놀로지, 중신그룹 등에서 재직했다.

꿍우티위는 광장춤(广场舞) 대회 운영, 음향기기 개발, 앱 개발 등이 주력 사업이다. 광장춤은 중국인들에게 익숙한 레저 활동 중 하나인데, 특히 장·노년층에서 인기를 끌고 있다. 중국에 가보면 노인들이 아침저녁으로 집 주변 광장에 모여 단체 춤을 추는 장면을 쉽게 목격할 수 있다. 건강과 스트레스 해소에 좋다보니 국가에서도 태극권과 함께 장려하는 운동이다. 한 번 시작하면 한 시간에서 두 시간가량 춤을 추는데, 앞에서 전체 춤을 주도하는 사람이 있고 20여 곡 정도에 맞춰 춤을 춘다.

중국 광장춤 산업보고서에 따르면 광장춤을 즐겨 추는 중국 인구는 1억 명이 넘는다고 한다. 그중 핵심은 5060 중년 여성들이다. 또 광장춤 관련 의상, 음향기기, 휴대용 영상기기 제품의 온라인 판매 규모(타오바오몰)가 수백억 원 규모이며, 오프라인 판매는 그보다 더 많아 20억 위안(3,600억 원)에 이르는 것으로 조사됐다. 아직은 엄청난 규모는 아니지만 앞으로 확장 가능성이 높아 주목받는 분야다. 꿍우티위도 설립 약 3개월 만에 온

광장춤을 즐기는 중국의 5060 중년 여성들

라인 투자 모집 창구인 창루티위와 벤처캐피탈 징이티엔스공셔, 이허훼이투자사 등으로부터 투자를 이끌어내는 데 성공했다.

더구나 꽁우티위는 중국 국가체육총국 사회체육센터 전국 광장춤 보급위원회가 공동으로 운영하는 기업이라 중국 공산당 지지를 받는 벤처기업이라는 장점도 업고 있다. 전국 광장춤 대회, 중국 아름다운 마을 광장춤 대회, 중국 도시 광장춤 그랑프리, 중국 소수민족 광장춤 대회 등을 개최하면서 자리를 잡아가고 있다.

꽁우티위가 개발한 앱 이름은 '꽁우(共舞)'. 이 앱을 통해 무대 중앙 대형 스크린에 나오는 광장춤 영상을 고를 수 있다. 수십 가지 음악과 춤이 올라와 있고, 스마트 무대를 차지하려는 노인들 사이 트러블을 방지하기 위해 스마트폰으로 무대를 예약하는 서비스도 앱에 포함되어 있다. 꽁우티위가 중국 노년층 사이에서 특히 환영받는 이유는 '부라오민(不扰民)'이라는 기능·이미지 때문이다. 부라오민은 '주변 사람들에게 민폐를 끼치지 않는'이라는 의미인데, 광장춤을 추는 중국 노인 대부분이 무거운 스피커를 수레에 싣고 나와 음악을 틀어놓고 춤을 추거나, 마이크를 연결해 노래를 부르기도 한다. 문제는 음악을 너무 크게 틀다보니 광장춤을 추지 않는 사람들에게 너무 큰 민폐를 끼친다는 부분이다. 스피커로 음악을 트는 게 한두 명이 아니라 여러 무리다보니 소음이 굉장하다. 이 때문에 광장춤을 즐기지 않는 젊은 층, 다른 노인들은 '광장춤파'를 상당히 원망하고 싫어하는 경향이 생겼다. 한국으로 치면 홍대나 신촌에 20대들이 크게 힙합 음악을 틀어놓고 마이크에 소리를 질러 주변 상인들이 피해를 입는 상황인 셈이다. 꽁우티위는 이러한 불편을 해소하기 위해 부라오민을 가장 큰 목표로 삼았다. 부라오민 기능을 갖춘 스마트 시스템(음향기기+스마트 무대+앱)을 준비한 것이다. 이 스마트 시스템을 보면, 광장 중간에 광장춤 영상을 볼 수 있는 대형 스크린이 있고, 대형 스크린 앞에는 무대가 있다. 무대를 둘러싼 기둥은 스피커인데 이 스피커들의 방향 모두 무대로 향해 있어, 음악이 들리는 범위를 최대한 무대 내로 한정해 소음 문제를 해결하려 했다.

이런 광장춤 앱 시장에선 '탕더우(糖豆)'도 떠오르는 회사다. 탕더우는 무료 광장춤 강의 공유 앱으로 주목을 받고 있다. 이 앱에는 중국 전역 1억 명에 달하는 광장춤 애호가들이 올린 200여 만 개 동영상이 올라와 있다. 전문적인 춤 강의뿐 아니라 개인이 광장춤을 추는 장면을 찍어 올리며 영상을 공유할 수 있어 중국판 '실버 틱톡'으로 각광받고 있다. 바이두 앱 통계에 따르면 탕더우 앱을 내려 받은 횟수는 2,400만 건에 이른다.

탕더우 창업자는 베이징대 컴퓨터학과에서 학사와 석사를

마친 장위안(张远)이다. 그는 중국에서 창업하려는 대부분 창업자들이 중국 주요 소비층인 80허우(1980년대 이후 출생자), 90허우(1990년대 이후 출생자)만 겨냥하는 것을 보고, 역으로 주요 고객층을 1960~1970년대 이후 출생자로 잡았다. 이어 그들에게 인기를 끄는 광장춤을 아이템으로 떠올렸다고 한다.

중국 광장춤 백서에 따르면 광장춤을 즐기는 이들 가운데 27%는 50세 이상이다. 스마트폰 보급이 확대되고 코로나 여파로 광장에 모여 함께 춤출 수 없게 된 노인들이 대안으로 광장춤 관련 앱을 다운받아 즐기면서 이용자가 폭발적으로 증가했다.

탕더우 앱의 시작은 본래 탕더우왕(網) 사이트였는데, 2010년 2월 문을 열었다. 초창기에는 패션, 맛집, 드라마 등을 추천하거나 관련 콘텐츠를 제작하는 사이트였다. 그러다 일일 시청량이 200만 건에 달했고, 이듬해 8월 하루 평균 6,800만 건까지 치솟았다.

여기에 기반을 두고 탕더우는 2012년 온라인 광장춤 강좌를 공개했다. 한 달 만에 누적 조회수 100만 회를 기록하고 일일 시청량이 7,200만 건에 달하면서 광장춤의 인기를 실감한 탕더우는 '탕더우 광장춤 교실' 코너를 신설하고 관련 콘텐츠에 집중했다. 이때부터 댄스 강사와 요가, 헬스 등 운동과 관련된 인플루언서(오늘날의 '왕훙')를 수소문해 콘텐츠 제작에 나섰다. 현

首页　　糖豆课堂　　手机端　　关于我们 ∨　　直播　　音乐欣赏　　提交舞蹈 个　　注册登录

海量高清视频
流畅观看一键下载

数十个分类，超过千万的广场舞视频，随时随地想看就看！

手机扫码一键下载

무료 광장춤 강의 공유 앱으로 주목을 받고 있는 탕더우

재 탕더우가 광장춤 인플루언서들과 함께 직접 제작한 광장춤 교실에는 1,148개 동영상이 올라와 있으며, 6억 2,400만 개의 '좋아요'를 기록 중이다. 집에서 즐기는 아침 운동, 뱃살 빼기 운동 등 강도에 따라 분류한 교육 영상을 모은 '집에서 춤추자' 메뉴에는 매일 아침마다 2,000만 명 이상이 접속하고 있다.

회사는 이후 스마트폰이 보급되고 PC에서 스마트폰으로 콘텐츠를 즐기는 흐름이 보이자 2015년 탕더우 앱을 오픈했다. 광장춤을 콘텐츠로 한 플랫폼들도 폭발적으로 성장하기 시작했다. 이때부터 광장춤 교습을 주요 콘텐츠로 하는 모바일 앱 60여 개가 출시됐고, 경쟁도 치열해졌다. 광장춤 강사들의 몸값도 나날이 치솟았는데, 중국은 이때부터 본격적으로 인플루언서 시대가 개막했다고 봐도 과언이 아니다. 당시 광장춤단을 지휘하는 리더들이 온라인이나 위챗(중국판 카카오톡)을 통해 추천한 제품이 불티나게 판매되었다.

와이파이가 터지는 곳에서 광장춤 동영상을 스마트폰에 다운로드해두면 인터넷이 연결되지 않은 곳에서도 동영상을 마음껏 재생할 수 있어 데이터 걱정을 하지 않아도 된다.

광장춤을 박자감과 난이도로 분류해둬 자신의 실력과 기호에 맞게 영상을 골라 볼 수 있고, '슬로우 모션' 기능을 추가해 춤을 배우고 싶어 하는 노인들이 강사의 춤을 느리게 재생해 쉽게 습득할 수 있도록 도움을 준다. 이용자가 자신의 춤추는 모습을 업로드하고 자랑하고 싶을 때 '몸매'나 '외모'를 걱정할 필요가 없다. 이 앱에 있는 뷰티 기능을 사용하면 몸매를 보정해 날씬한 몸매로 바꿔주고, 민낯을 화장한 얼굴로 바꿔주는 기능이 있다.

장위안 CEO는 탕더우가 2억 명의 중국 유저를 확보하고 있다고 밝히면서 춤뿐 아니라 갈수록 늘어나는 중·노년층을 대상으로 하는 관광과 해당 화장품 및 오프라인 활동 등으로도 비즈니스 영역을 확대할 것이라고 강조하였다. 베이징에 본사를 둔 회사 '샤오탕 테크놀로지'는 중국 인터넷 대기업 텐센트 주도로 2019년 차입 등을 통해 1억 달러(약 1,115억 원)의 투자금을 확보하였다. 탕더우 투자에는 GGV 캐피털과 IDG 캐피털, 그리고 레이쥔 샤오미 창업자 겸 최고경영자(CEO)가 지원하는 순웨이 캐피털도 참여하였다.

광장춤은 중국 성인 여성과 실버층을 대표하는 문화로 노령층의 확대에 따른 실버시장이 커지면서 각광받고 있는 스포츠 중 하나이다. 광장이나 공원에서 주로 50대 이상 여성 10~100명이 음악을 틀어놓고 대열을 지어 같은 동작으로 추는 단체 춤으로, 중국만의 독특한 민간 문화로 불린다. 1949년 중화인민공화국이 건국된 후, 공산당과 정부가 민중 문화와 건강을 중시하는 정책을 펼치면서 발전하기 시작하였다.

이 때문에 가정에서 춤을 배우고 즐길 수 있는 광장춤 앱이 더 주목받게 되었다. 중국에서는 2020년 우한발 코로나가 촉발하면서 밀집된 곳에서 운동을 금지해왔으나, 2021년에는 대대적으로 전국적인 광장춤 행사를 주최하는 등 다시 국민운동 촉진에 나서고 있는 분위기다.

중화전국체육총회는 중국 최대 스포츠 플랫폼 화오싱쿵과 '2021 춤추자 중국' 행사를 전국적으로 개최했고, 중국 전역에서 광장춤 행사를 개최할 예정이며, 이를 통해 200만 명 이상이 대회에 참가할 것으로 기대된다고 했다. 대회 참가자는 200만 명이지만, 이를 홍보하고 방송에 내보내는 과정에서 수억 이상이 광장춤에 다시 관심을 보일 것으로 기대하고 있다. 중국 당국은 광장춤이 큰돈을 들이지 않고 국민의 건강을 책임질 수 있는 스포츠로 보고 있어서 관련 업계에 향후 전망이 밝다.

우리가 원하는 읽을거리
시니어 전용 잡지 《하루메쿠》

서점 판매 없이 정기 구독만으로 월평균 30만부 이상을 파는 잡지가 있다. 50세 이상 고령 여성층을 공략한 시니어 잡지 《하루메쿠(halmek·ハルメク)》다. 하루메쿠의 1년 정기 구독료는 6,960엔(약 7만 8,000원)으로 평균 독자 연령은 65세이다.

2019년 상반기 여성 잡지 부문에서 평균 판매 부수 1위에 오른 후, 2020년 초에도 판매 부수가 2019년보다도 25% 넘게 많은 30만 부를 기록하는 등 침체된 일본 잡지업계에서 조용한 돌풍을 일으켰다. 경쟁 시니어 잡지인 《매일이발견(毎日が発見)》

과 《유우유우(ゆうゆう)》의 발행 부수가 10만 부를 밑도는 것과 비교해 시장점유율이 압도적이다.

하루메쿠는 '봄기운이 난다(春めく)'라는 의미로 고령층의 삶을 밝고 긍정적인 이미지로 담는 것을 목표로 하고 있다. 1996년 창간한 여성지 《이키이키(イキイキ)》의 모회사가 IT 시설 투자 실패로 법정 관리를 신청하면서 폐간했다가 2016년 재창간한 것이 출발점이다. 당시 재탄생한 《하루메쿠》의 콘텐츠 1순위는 고령층의 고민과 불안이다. 평균 30년 이상 남은 일상을 보내면서 예상치 못한 많은 고민을 갖게 되는데, 이를 철저하게 고령층의 눈높이에서 접근한다. '뼈와 뇌를 스스로 젊게 만드는 새로운 습관', '백발에 주눅 들지 않는 삶', '냉장고와 현관 청소법', '사망 후 유족연금 산출 방법', '발효식과 전골요리' 등 젊은 층은 고개를 갸웃거릴지라도 고령층 입장에선 실생활에 유용한 주제를 매우 깊게 다룬다.

화제를 모았던 특집 기사 중 하나는 2018년 2월호의 스마트폰 사용법이었다. 깨알같이 적혀진 스마트폰 설명서에 익숙지 않은 고령층을 위해 쉽게 풀어 쓴 기사로 뜨거운 호응을 얻었다. "화면이 갑자기 회전한다"거나 "화면 밝기가 갑자기 어두워졌다" 등 독자들이 궁금해하는 기본 조작 방법을 중심으로 독자들의 질문에 하나하나 대답하는 방법으로 기사를 풀어 썼

《하루메쿠》에서 소개한 다양한 시니어 패션 구현 팁(tip)

다. 이 특집을 기점으로 《하루메쿠》 신규 독자는 3만 5,000여 명이 늘었다.

2018년 8월호의 '연금생활'도 《하루메쿠》의 발행 부수를 높이는 데 결정적인 역할을 했던 특집 기사였다. 고령층이라고 매번 건강에만 관심을 두고 지면을 구성하는 경우가 적지 않은데, 고령층도 멋지게 살고 싶다는 욕구를 충실하게 담았다. 90대 노인을 표지 인터뷰에 전면 배치하고, 북유럽 60~70대 고령층의 멋진 라이프 스타일을 소개하는 등 시니어 잡지답지 않게 화려한 지면 구성으로 차별화를 꾀한 결과 2018년 하반기쯤 20만 호를 돌파했다.

《하루메쿠》의 편집 목표는 "독자가 만족하는 기사를 최우선한다"는 것이다. 20~50대로 구성된 《하루메쿠》 편집진 12명이 매주 독자가 선물 증정용 엽서에 적어 보내는 사연을 빠짐없이 읽는다. 다루고 싶은 주제가 좁혀지면 '하루토모'라 불리는 독자 모니터단 2,000여 명에게 《하루메쿠》가 역으로 질문을 던져 기사 기획을 완성한다. 또 매월 잡지가 발간된 후에는 1,000여 통의 설문 조사지를 보내 어떤 기사에 관심이 높았는지 평가하고 다음 기획에 반영한다. 야마오카 아사코 편집장은 "비현실적인 꿈과 환상을 보여주기보다 철저히 일상생활 속 시선에 머무는 것이 우리의 경쟁력"이라며 "고령층이 원하는 정보를 정확히 짚어 보여줘야 그들의 충성도를 높일 수 있다"고 강조한다.

사내 독립조직인 '멋진 라이프스타일 연구소'는 편집기자 외에도 전문 연구원들이 독자 앙케이트를 분석하고, 편집부원이 독자와 의견 교환을 하는 간담회를 주최한다. 간담회에서 독자들의 의견을 받아 추후 기사에 세세하게 반영하려는 취지다. 매년 각지에서 60회 이상 독자들과 만나 독자들의 수요를 세세하게 파악한다. 인터넷, 스마트폰에 익숙지 않은 고령층에게 인터넷 설문 조사를 강요하는 것이 아니라 고령층이 익숙한 방식으로 다가가는 것이다.

2020년 초 발간된 '시니어 정리법'은 《하루메쿠》의 강점을 선명하게 보여준 특집 중 하나다. 정리·정돈법이라고 하면 흔히들 컨설턴트 곤도 마리에 씨를 떠올린다. 곤도 씨의 가장 유명한 조언은 "일단 집에 있는 모든 물건을 꺼내 한곳에 모아 필요한 것과 필요 없는 것을 구분하라"는 것이다. 집 안 곳곳에 흩뿌려진 잡동사니를 수북이 쌓아놓고 하나둘씩 정리·정돈을 시작하는 곤도 씨의 독특한 물건 정리 방식은 일본은 물론, 한국과 미국에서도 유명세를 타며 선풍적인 인기를 끌었다. 그러나 《하루메쿠》는 곤도 씨의 조언이 젊은 층에게는 괜찮은 조언일지 몰라도, 기력이 쇠한 고령층에게는 다소 무리한 조언이라는 점을 독자 소통을 통해 알아챘다. 이에 고령층 독자 중 정리·정돈의 달인 10여 명을 섭외해 그들에게 고령층의 눈높이에 맞는 정리법을 물었다. '어디에 무엇을 넣었는지 지도를 만들자', '한 번에 정리하지 말고 천천히 바꾸며 삶을 되돌아보자' 등 기존 정리법에선 찾아볼 수 없는 '꿀팁'들이 담겨 있어 눈길을 끌었다.

독자와 소통하는 시스템은 《하루메쿠》의 전신(前身)인 《이키이키》 시절부터 내려져온 전통이다. 인터넷이 보편화돼 있지 않던 2000년대 초반 《이키이키》에는 독자가 의견을 적어 보낼 수 있도록 잡지 뒤에 의견 엽서를 동봉했다. 잡지 등 일반매체는 독자 의견을 무시하고 일방통행하며 편집 방향을 정하기 일쑤였기에, 이를 보완하고자 쌍방향의 커뮤니케이션 루트를 만들어둔 것이다. 《이키이키》는 매달 5,000매 이상씩 의견 엽서를 받았다. 워낙 열정 독자가 많아 의견 엽서 대신 직접 손으로 장문의 편지를 쓰는 경우도 많았다. 이렇게 모인 답안과 편지 메시지는 데이터베이스에 저장되고, 편집부가 최신 트렌드를 파악하는 데 참고 자료로 쓰였다. 사내 콜센터에는 구독 신청을 받는 업무와는 별개로 독자와 직접 상담을 하는 100명의 전화 상담원을 뒀다. 여기에서 파악된 독자의 목소리를 편집부로 전달하고, 편집부에서 직접 독자에게 응답하기 위해서였다. 《이키

이키》는 이러한 과정을 통해 독자의 흥미를 파악해 다른 잡지는 따라올 수 없는 독특한 지면 구성을 꾸려 꽤 오랜 기간 고령층 잡지 시장에서 독보적인 1위를 유지했다.

잡지 시장 경쟁이 워낙 치열한 탓에 《하루메쿠》의 성공 방정식을 모방하려는 출판사도 적지 않다. 일부 잡지는 지면 구성도 비슷하게 모방하고, 판매 방식도 서점 배포가 아닌 직접 판매하는 방식으로 《하루메쿠》의 전략을 모방했다. 그러나 그 잡지는 구독자가 잘 늘지 않아 발행한 지 2년도 되지 않아 폐간되는 신세로 전락했다. 어디에 실패의 원인이 있었을까. 독자 의견을 청취하는 방식에도 문제가 있었으나, 타깃 고객에게 다가가는 방법에서도 차이가 있다. 《하루메쿠》는 타깃 독자층에 다가가려 《요미우리신문》 등 전국 종합지에 과감하게 광고를 낸다. 50~60대가 서적과 잡지를 구매할 때 가장 많이 참조하는 매체이기 때문이다. 반면, 《하루메쿠》를 모방했던 출판사는 자사의 자체 광고나 인터넷 광고에 의존했다. 종합지 광고 비용이 많이 들다보니 굳이 추가 투자엔 나서지 않았던 것이다. 그러나 타깃 고객이 그다지 이용하지 않은 매체에다 상품을 홍보하다보니 결국 핵심 타깃 독자 확보에도 실패했다. 아사코 편집장은 《하루메쿠》를 홍보하러 《하루메쿠》의 타깃 독자층인 주부들이 즐겨 보는 아침 TV 프로그램에 직접 출연도 마다하지 않는다. 2021년 초엔 닛폰 티비의 간판 아침 프로인 〈아사나비〉에 직접 출연해 구독 방법부터 최신 기사의 내용까지 세세하게 소개했다.

《하루메쿠》의 숨겨진 강점은 부업이다. 파산의 아픔을 겪었던 《하루메쿠》는 본업뿐 아니라 부업에서도 수익을 창출해 콘텐츠에 충실할 수 있는 밑거름을 만들었다. 2020년엔 본업인 잡지 판매보다 부업에서 얻는 수익이 더 많았다. 2019년 매출 106억 2,200만 엔(약 1,192억 원) 중 약 80% 이상이 카탈로그나 인터넷 판매 수익에서 나왔다. 《하루메쿠》는 매월 구독자에게 잡지와 함께 다양한 상품을 실은 카탈로그를 별도로 보내준다.

독자들은 《하루메쿠》가 자체적으로 운영하는 인터넷 플랫폼을 통해 원하는 상품을 주문할 수 있다. 판매 제품의 약 70%는 《하루메쿠》의 자회사인 하루메쿠벤처스가 직접 개발한 오리지널 상품이다. 그중 하나는 진단 키트였는데, 혈액과 오줌등을 채취해 자택에서 스스로 병을 체크해볼 수 있다. 이 진단키트를 위해 구독을 시작한 독자가 있을 정도로 대표 상품 중하나였다. 2017년 내놓은 각종 고지서 등 서류를 정리하는 바퀴 달린 수납용 서랍은 6,000개가 넘게 팔렸는데 《하루메쿠》편집진이 독자의 집을 방문한 뒤 힌트를 얻었다.

《하루메쿠》는 제품 판매에서 얻은 수익을 잡지 제작에 재투

자하는 수익 모델을 구축했다. 제작 과정에서 중간 단계를 거치지 않고 제조 업체와 직접 거래해 가격도 낮췄다. 보스턴컨설팅그룹 출신의 미야자와 다카오 사장은 "잡지는 열정 고객을 끌어들이는 유치 수단이고 수익은 카탈로그·인터넷 판매에서 얻는다"며 "아마존이나 라쿠텐처럼 거창한 플랫폼은 아니더라도 고령층의 수요를 확실하게 파악해 승부를 건다"고 말한다.

남편은 필요 없다!
비혼주의자를 위한
런던의 여성 전용 코하우징

'연령 차별주의자(ageist)의 편견과 싸워라. 사생활과 공동생활의 균형을 유지하라. 그리고 남성 입주 금지.'

영국의 최초 여성 전용 코하우징(공동주택) OWCH(Older Women's Co-Housing Project)의 세 가지 거주 원칙이다. 런던 북부 하이바넷 마을에 위치한 이 주거 공간에는 50대 초반부터 80대 후반 여성 26명이 각자 집에서 '따로 또 같이' 살고 있다. 대부분 남편과 사별했거나, 이혼 후 혼자 살거나, 비혼이거나, 혹은 동성 파트너와 함께 사는 여성들이다. 노년기를 동성인 여자들과 이웃으로 살겠다는 한마음으로 1988년 OWCH 단체를 만들었고, 18년이 지난 2016년 주택 완공의 꿈을 이뤘다.

이들이 삶에서 남성을 배제한 이유는 차별과 계층이 없는 공동체를 원했기 때문이다. 설립 멤버인 셜리 메러딘(91)은 로이터와의 인터뷰에서 "우리가 젊을 때만 해도 남성 중심 사회에서 살았다"며 "일부 거주자는 아버지, 혹은 남편 없이는 모기지(주택담보대출)조차 받을 수 없던 시절을 기억한다"고 설명했다. 그는 이어 "만약 코하우징에 남성 입주자가 함께 산다면, 여성의 자치권(autonomy)을 잃을 수 있다고 판단했다"며 "OWCH에서 사는 여성은 삶의 모든 결정을 스스로 내리고 공동체 운영을 책임지는 성향이 강하다"고 말했다.

외신은 OWCH에 대해 "비혼주의자가 급격히 늘어나는 시대적 흐름을 반영한 새로운 거주 형태"라며 주목했다. 유럽에서 경력 단절, 출산과 육아에 대한 부담에서 벗어나 경제적인 자립을 이루고자 하는 여성들로 인해 '반드시 결혼해야 한다'는 인식은 옅어진 지 오래다.

하지만 비혼을 실천하는 여성들에게도 나름의 고충이 있다. 홀로 삶을 꾸려나가야 하는 만큼 체력이 떨어지는 노년기를 생각하면 막막해지기 때문이다. 그렇다고 미래에 대한 두려움 때문에 누군가와 억지로 결혼하는 건 싫다는 게 이들의 생각이다.

새로운 거주 형태로 떠오르는 여성 전용 코하우징(공동주택)

실제로 혼자 사는 노인 중에서 남성보다 여성이 훨씬 많다. 영국 자선단체 에이지 UK(Age UK)에 따르면, 영국 65세 이상 인구 중 362만 명이 독거 중이고, 이 중 70%가 여성이다. 평균적으로 여성이 남성보다 오래 살기 때문에 홀로 사는 경우가 더 많다고 한다.

OWCH의 가장 큰 장점은 사생활을 충분히 누리는 동시에 공동체의 도움도 받을 수 있다는 점이다. 입주민이 각자의 집에서 홀로 살아가는 것을 근간으로 하지만, 커뮤니티를 통해 이웃과 끈끈한 관계를 형성하는 시스템으로 운영된다. 벽돌로 지어진 단란한 공동주택은 각 객실마다 발코니가 설치돼 있어 혼자서도 휴식을 취할 수 있다. 어떤 거주자는 낮 동안 객실 문을 열어둬 누구나 방문하게끔 하고, 어떤 거주자는 문을 닫아두는 경우도 있다. 각자 성향을 존중하는 것이 OWCH의 기본 원칙이다.

취미가 맞는 사람들끼리 모여 소모임을 주최할 수도 있다. OWCH에는 총 25가구, 26명이 입주했는데 동아리만 27개가 있다. 다 같이 정원에서 야채나 꽃을 기르기도 하고, 공용 공간에 모여 게임을 하거나 취미로 그림을 그린다. 함께 요리를 하거나, 협회에서 제공하는 요가 수업을 받기도 하고 서로의 친구나 가족을 초대해 저녁 식사를 한다.

거주자의 의견은 차별 없이 존중받는다. 공동체에서 결정하는 일에는 누구나 의무적으로 의견을 내야 한다.

거주자들은 한 달에 한 번 정기모임을 갖는다. 그저 남의 이야기만 듣다가 돌아갈 수 없는 자리다. 공동체가 잘 운영되고 있는지 각자의 목소리를 내야 한다. 전체 거주자 수를 30명으로 제한한 이유가 여기에 있다. 대화를 통해 집단적인 결정을 내리기 위해서는 지나치게 큰 조직이 되어선 안 되기 때문이다. 서로의 입장과 성향을 충분히 파악하고, 회의실에서 모두의 목소리를 들으려면 30명이 적절하다는 게 OWCH 거주자들의 판단이다.

여성만의 주거 공간이라는 점 외에도 OWCH에는 큰 특징이 있다. 양로원이나 요양원이 되는 것을 철저히 지양한다는 점이다. '보살핌 받는 존재'가 아니라 '시민의 역할'을 충실히 이행하는 존재로서 노년의 삶을 마감하는 것을 목표로 한다.

입주자의 평균 나이는 74세다. 각자 공동체에서 맡은 임무가 다를 뿐, 누구 하나도 도움을 받기만 하는 존재는 없다.

메러딘은 2020년 미국 《뉴욕타임즈(NYT)》와의 인터뷰에서 "삶에는 목표가 필요하다"며 "양로원에서 정신도 온전하지 못한 채 침 흘리다가 세상을 떠나는 게 아니라 눈을 감는 그 순간까지 내 인생을 오롯이 책임지고 싶다"고 말했다.

따라서 여느 요양 시설처럼 도와주는 관리자는 없다. 거주자끼리 돌아가며 청소하고, 관리하는 시스템이다. 공용 부엌을 사용했으면 설거지 및 청소는 반드시 직접 해야 한다. 회의실을 사용하고 나면 쓰레기는 직접 버려야 한다. 특히 회의실, 부엌, 다이닝룸, 세탁실, 주차장 등 공용 공간의 청소는 순번을 정해 놓고 나눠서 관리하는 시스템이다.

언뜻 노인들이 왜 사서 고생하는지 의문이 들지만, OWCH 거주자들은 자신의 일을 스스로 돌보는 OWCH 원칙 덕분에 더 젊고 건강하게 살 수 있다고 입을 모았다. 어릴 때 못지않게 새로운 정보와 기술을 배우고, 서로 가르치며 성장할 수 있기 때문이다.

예를 들어, 2009년 OWCH에 입주한 안나는 과거 프리랜서 의상 디자이너로 일했다. 타의 추종을 불허하는 그의 바느질 솜씨 덕분에 다른 거주자들은 옷을 수선할 일이 있을 때마다 도움을 받았다고 그를 치켜세웠다.

그럼 안나는 남들에게 도움만 줬을까. 그렇지 않다. 안나는 오히려 다른 거주자로부터 소통하는 방법을 배웠다고 밝혔다.

"64살인 나는 올바르게 대화하는 법을 최근에 배웠어요. 이곳에서 '당신의 말은 타인에게 상처가 된다'는 지적을 받은 적이 있습니다. 나의 입장을 해명하는 과정에서 그동안 언행이 적

때로는 가족처럼, 때로는 친구처럼 서로를 보듬는 OWCH 거주자들

절치 못했다는 것을 느꼈어요. 나의 정신은 아직도 온전합니다. 잘못된 습관이 있다면, 얼마든지 고칠 수 있어요. 앞으로 OWCH에서 살면서 어떤 걸 배우고, 경험할지 기대됩니다."

공동체는 위기의 상황에서 더욱 빛났다. 코로나 19가 확산 중인 2020년 이후로 공동체는 더욱 위력을 발휘했다. 소소한 단체 취미 활동은 사라졌지만, 순번을 정해 돌아가며 바이러스 방역 작업에 힘썼다.

경제 봉쇄 이후로는 소그룹으로 나눠 역할을 분담했다. 비교적 젊은 거주자들은 대형마트에서 장을 보고, 약국에서 한 달치 약을 챙기는 외부 일을 담당했고, 나이가 든 그룹은 실내 청소와 식사 준비 등을 담당했다.

거주자들은 "나이가 들수록 혼자 사는 사람은 더 안전하지 못하다고 느껴지는데, 이곳은 안전하다는 느낌을 안겨준다", "이곳에서 내리는 모든 결정에 참여하게 되는 것이 기쁘다", "집을 비울 때 내 고양이를 대신 보살펴줄 누군가가 있다는 게 안심이 된다"라며 대부분 큰 만족을 표했다.

또 다른 설립 멤버인 마리아 벤튼은 "우리는 서로를 잘 이해하는 여성들이 모여 자신들의 가치관을 공유하고 필요한 일들을 함께 해나가며 서로를 돌본다"라며 "이보다 더 좋은 이웃이 어디 있겠느냐"며 공동체에 대한 자신감을 내비쳤다.

메러딘을 비롯한 6명의 여성이 공동주거 아이디어를 낸 지 18년 만에 코하우징을 완성한 만큼 그동안 시행착오와 어려움도 많았다. OWCH 멤버들은 형평성이 떨어진 공동주거 정책을 대신해 사회적 임대 주거지가 필요한 여성 노인들이 입주할 수 있는 공간을 구상했다. 정부가 토지를 제공하기는 했지만 OWCH의 가치를 공감한 하노버 주택협회가 개발에 필요한 모든 자금을 투입해 집을 지었다. 완성된 주택들은 OWCH가 사들인 뒤 입주자들에게 팔았다.

25개의 독립형 아파트 중 17채는 방 1개부터 3개까지 평형에 따라 20만~40만 파운드(약 3억~6억 원)이다. 이를 구입한 이들이 공동체의 구성원이 돼 함께 살고 있다. 임대 가구인 여덟 집은 1주일 집세가 140파운드(약 22만 원)이다.

OWCH의 목표는 다른 노년 단체가 벤치마킹할 만한 성공적인 사례가 되는 것이다. 정책 입안자, 주택협회, 기업가 등이 노인의 공동주택에 가져다주는 사회적, 경제적 이득을 인지하고, 이러한 수요 증가에 제대로 대처하길 바란다는 입장이다.

OWCH 거주자들은 노인의 자율성에 대한 인식을 바꿔야 한다고 강하게 주장했다. OWCH 관계자는 "우리가 처음 모여 코하우징이라는 컨셉을 논의할 때 개념조차 명확하지 않아 우리는 이를 정립하는 데 많은 기여를 했다"며 "그러나 여전히 문화적, 제도적으로 급진적 변화가 필요하다"고 말했다. 이들은 "OWCH의 성공이 분명히 다른 노년 주택 모델에도 적용될 것" 이라고 자신감을 내비쳤다.

03

고령 비즈니스가 뜬다

시니어에 최적화된 모델
구독 경제가 뜬다

신생 면도기 판매 업체 '달러 쉐이브 클럽(Dollar Shave Club)'이 구독 경제 모델로 120년 이상의 전통을 가진 면도기의 대명사 '질레트(Gillette)'의 아성을 무너뜨릴 때만 해도 구독 경제는 가성비를 중시하는 밀레니얼 세대의 전유물처럼 여겨졌다. 그러나 곰곰이 생각해보면 정기적으로 구매해야 할 물건이 많은 시니어만큼 구독 경제가 필요한 소비자도 없다.

구독 경제는 일정 이용 기간 동안 정기적 구독료를 지불하면 재화나 서비스를 주기적으로 제공받는 서비스다. 국내에는 2주

고령층이 좋아할 만한 간단한 물건들과 사진, 손 편지 등을 선물용 박스에 담아 보내주는
그랜드박스 서비스

에 한 번씩 새로운 꽃을 배송해주는 '꾸까'가 대표적이다. 요금에 따라 꽃의 종류와 수량은 천차만별이다. 샴푸·화장품이나 속옷·양말 또는 여성용품 같은 제품도 주기적으로 필요하기 때문에 매번 마트에 가는 대신 구독하는 서비스가 있다.

그렇다면 시니어가 구독할 만한 재화 혹은 서비스에는 뭐가 있을까.

미국에는 혼자 있는 고령 부모가 늘어나면서 자녀 혹은 손주들이 시니어를 위해 정기적으로 간단한 간식, 손 편지, 사진 등을 선물용 박스에 담아 보내주는 서비스 제공 업체가 있다. 바로 스타트업 '그랜드박스(GrandBox)'다.

2014년 미국 시카고에서 창업한 그랜드박스는 매달 주제를 정해 시니어가 좋아할 만한 물건 다섯 가지를 고르고, 자녀 또는 손주가 할머니, 할아버지에게 전달할 메모와 사진을 이메일로 보내면 이를 손 편지와 앨범으로 박스에 넣어 시니어에게 전달한다. 이메일 혹은 소셜네트워크 서비스(SNS), 스마트폰에 저장된 사진에 익숙한 자녀 세대와 디지털 콘텐츠보다 손에 잡히는 편지와 사진을 선호하는 시니어의 다른 소통 방식에 착안한 서비스다.

그랜드박스는 단순 선물을 넘어 멀리 떨어진 가족끼리 일상생활을 공유하며 사랑을 전하는 방식이다. 혼자 사는 시니어는 그랜드박스를 통해 가족과의 연대감을 느낄 수 있다.

구독료는 매달 또는 3개월, 6개월 단위로 신청할 수 있으며 1회 구독료는 30달러(약 3만 5,000원) 수준이다. 특히 5월 어머니의 날(Mother's Day)과 12월 크리스마스에 가장 주문이 많다.

그랜드박스 공동창업자 조 요먼은 "보통 자라면서 조부모, 부모와 멀리 떨어지게 되면 아무리 노력해도 소통하기 쉽지 않다"며 "가족에게 마음을 전하고, 사랑을 표현하는 일이 불편하고, 귀찮은 일이어서는 안 된다는 생각에서 그랜드박스를 창업하게 됐다"고 설명했다.

또 다른 구독형 배달 서비스로는 '그랜마스 조이박스 (Grandma's Joy Box)'가 있다. 할머니 할아버지가 손주와 시간을 보낼 때 도와주는 놀이 재료 배달 업체다. 시니어도 손주와 놀아주고 싶지만, 막상 무엇을 해야 할지 모를 때가 많기 때문에 이를 위한 장난감과 사용 설명서 등을 보내준다.

예를 들어, 오늘은 보물찾기 놀이를 하고 싶다고 할 경우, 보물찾기 관련 어린이 도서, 보물 찾는 방법을 기술한 책, 탐사 장비 등의 도구를 박스에 넣어 보내준다. 할머니는 손주들에게 보물찾기 놀이에 대한 책을 읽어주고, 함께 지도를 펼쳐보며 놀이를 할 수 있다. 혹은 요리 놀이를 할 경우, 간단한 요리책과 어린이용 계량컵, 칼 등이 박스에 담겨 온다. 이 밖에 새 모이를 만드는 방법, 함께 비눗방울 만드는 방법 등 매월 다양한 놀이 주제와 도구들이 '그랜마스 조이박스'에 담겨 시니어의 집으로 배달된다.

이 회사를 창업한 데비 버밀리온은 실제로 9명의 손주와 1명의 증손자를 둔 할머니다. 그는 "손주를 너무나도 사랑하지만 단둘이 남겨졌을 때 기억에 남을 만한 시간을 보내는 일이 어려웠다"며 "평소 아이들과 해보고 싶은 놀이를 하나씩 적어 내려가며 미리 장난감을 준비하다보니 그랜마스 조이박스를 창업하게 됐다"고 말했다.

구독료는 구독 기간에 따라 다른데, 달마다 지불하는 경우는 34.99달러(약 4만 원), 3개월은 99.97달러(약 12만 원), 6개월은 199.94달러(약 24만 원)로 책정되어 있다.

그랜드박스와 그랜마스 조이박스의 공통점은 가족의 사랑 표현을 도와주는 목적으로 만들어졌다는 데 있다. 시니어와 자녀, 손주는 보통 세대 차이 때문에 서로를 이해하고, 친구처럼 지내려 해도 막상 쉽지 않은 경우가 많다. '사랑합니다', '존경합니다', '고맙습니다'라고 말 한마디 하기도 쑥스러운 경우가 많고, 일하고 공부하느라 바쁘다는 핑계로 문자메시지 하나 보내기 어렵기도 하다. 이러한 가족의 사랑을 좀 더 쉽게 만들어주는 게 바로 두 박스 서비스다.

그랜드박스 서비스를 통해 가족 간의 세대 차이를 줄이고, 정을 쌓는다.

한편, 시니어의 집을 관리·유지해주는 구독 서비스도 있다. 특히, 요양원 대신 집에서 가능한 한 오래 거주하고 싶은 고령층에 잔디 깎기, 화단에 물 주기 등 주택 관리는 매우 중요한 과제 중 하나다. 미국 워싱턴 DC에 위치한 '해슬프리홈(Hasslefreehome)' 서비스는 매월 구독료를 지불하는 시니어에게 집 유지, 관리 및 수리하는 서비스를 제공한다.

2012년부터 구독형 주택 유지 및 보수 사업을 시작한 해슬프리홈 서비스는 매달 방문할 때마다 집 안, 부엌, 보일러 등 총 26가지 이상의 점검을 통해 주거 상태를 유지·보수하고, 특히 각 계절에 변화에 따른 주택 상황을 주기적으로 특별 점검하고 있다.

예를 들면 매달 방문해 전구 및 보일러 필터를 교체하고, 출입문에 윤활제를 사용해 삐걱거리지 않도록 하며, 배수구 점검 및 청소, 기타 점검 작업을 수행한다. 또 연기 감지기 배터리 교체 및 건조기 통풍구 청소와 같이 일 년에 한두 번 수행되는 계절 점검 수리도 수행하는데, 한 번 방문 시 평균 2시간 30분 정도 작업을 실행한다. 30분 이내에 완료되는 대부분의 간단한 수리와 30달러(약 3만 5,000원) 미만의 제품 수리비는 기본 월별 유지 보수 비용에 포함되기 때문에 구독료를 납부한 시니어는 추가 부담이 전혀 없다. 1,000달러(약 120만 원) 이상 큰 규모의 공사나 수리가 필요한 경우 직원이 공사 수행 전 견적을 시니어에게 제공해 시니어 승인하에 진행하도록 하고 있다.

기본 월간 구독 요금은 집 크기에 따라 다른데 약 200달러(약 24만 원)에서 시작한다. 기본 유지 보수 가격에는 예약에 필요한 노동력 및 재료(전구, 보일러 필터 등)가 포함된다. 우리나라도 60세 이상 고령층의 자가 비율이 70% 이상 수준을 유지하고 있기 때문에, 이와 같은 주택 보수 관리 서비스가 필요한 상황이다.

네 번째는 '넷플릭스' 같은 스트리밍 구독 서비스 형태의 시니어 구독 기업도 있다. 특히 코로나 19 등 펜데믹 확산으로 노년층의 바깥나들이, 운동이 쉽지 않은 경우 필요한 '집콕' 관련 서비스다.

아무래도 집에서만 생활하는 시니어가 가장 힘들어하는 부분은 야외 활동 감소로 인한 운동 부족이다. 유튜브에 다양한 무료 운동 영상들이 많이 있으나, 연령, 성별, 신체 특성에 따른 개인 차이가 있기 때문에 자신에게 맞는 적합한 운동을 찾기가 쉽지 않다. 또한 누군가의 운동 조언도 받고 싶은 욕구도 생긴다.

이를 해결하기 위해 '볼드(Bold)'라는 회사는 구독형 시니어 전용 온라인 개인 맞춤형 운동 프로그램을 제공하고 있다.

2018년에 창립된 볼드는 미국 캘리포니아에 있지만, 온라인 기반이기 때문에 전 세계 어느 곳에서도 사용 가능하다. 시니어가 자신의 나이와 성별, 운동과 관련된 간단한 질문에 답을 하면 개인 맞춤형 운동 프로그램이 매주 제공된다.

운동은 크게 서서 하는 운동과 의자에 앉아서 하는 운동으로 구분된다. 시니어가 자신의 현재 하체 근육량, 활동력, 균형 상태를 영상으로 테스트해 자신에게 필요한 다양한 운동 교실을 선택할 수 있다. 운동 교실마다 매주 2~4회의 새로운 운동이 제공되고, 운동 내용과 강도는 진행 상황에 따라 변화하도록 프로그램화 되어 있다. 총 8명의 운동 강사가 '요가를 포함한 총 6가지 운동'을 온라인을 통해 제공하는데 시니어는 자신의 건강 상태에 따라 10~45분 사이의 운동 시간을 선택할 수 있다.

기본적으로 1주일 체험은 무료로 제공되며, 그 이후에는 매달 20달러(약 2만 4,000원, 1년 약정)로 구독료를 지불하면 간단한 운동기구와 함께 온라인상의 모든 운동 프로그램을 무제한 사용할 수 있다. 운동에 대한 질문이나 어려운 점들을 강사에게 온라인을 통해 문의할 수 있다는 장점도 있다. 최근에는 코로나 19로 인해 실내운동이 필요한 시니어를 위해 30일간 체험판을 제공하고 있다.

쇼핑몰의 진화
시니어를 공략하는 이온 쇼핑몰

도쿄 중심부에서 전철로 30분 달려 도착한 에도가와 구 가사이(葛西)의 주택가. 한적한 주택가 중심에 있는 대형 마트 4층에 아침 7시부터 백발의 동네 주민들이 몰려든다. 운동복 차림의 노인들은 엘리베이터 대신 계단으로 올라와 경쾌한 음악에 맞춰 체조를 시작한다. 일본 유통 대기업 '이온(Aeon)'이 세운 55세 이상 고령층 전용 대형 마트 'G·G몰'의 한적한 평일 아침 풍경이다.

이온이 2013년 30년이 넘은 노후 건물을 전면 리모델링하는 과정에서, 마트의 상당 부분을 '시니어 쇼핑몰'로 개조해 만든 곳이다. G·G란 '그랜드 제네레이션(Grand Generation)'의 줄임말로, 방송작가이자 각본가인 고야마 쿤도(小山薫堂) 씨가 은퇴하는 '단카이 세대(1947~49년생)' 고령층을 가리켜 '인생에서 가장 빛나는 시절을 맞이하는 세대'라는 뜻을 담아 만든 조어다. 활동적인 고령자를 의미하는 '액티브 시니어'를 넘어 최정상 계층으로 존경받아야 하는 위대한 세대라는 의미를 담았다.

일본에서 '시니어 마케팅'이 주목을 받은 것은 베이비붐 세대인 단카이 세대가 60세를 넘긴 2007년 무렵부터다. 퇴직금과 자유 시간을 얻은 고령층을 주요 타깃으로 기업 마케팅이 급증했다.

세계 일주를 하는 호화 유람선부터 지방·해외 이주 프로그램, 별장 구입 등 고령 은퇴자를 겨냥한 다양한 호화 상품이 쏟아졌다. 그러나 이러한 시도는 대부분 몇 년 못 가 시들해졌다. 글로벌 금융 위기 여파로 자산 가격이 급락한 데다, 평균수명이 늘어나면서 은퇴 후 건강·수입·가족 등 현실적인 문제를 고민해야 하는 고령층이 대부분이었기 때문이다.

그러면서 2010년 무렵부터 자연스럽게 생겨난 것이 G·G몰처럼 고령층의 실질적인 고민을 해결해주는 방식의 비즈니스였다. 이온은 2011년 전략 보고서에 '시니어 시프트(Senior Shift)'라

일본의 시니어 전용 쇼핑몰 이온

는 키워드를 내세우며 "고령화사회를 걱정만 하지 말고 세대의 소비를 촉진하자"는 목표를 세웠다. 고령화 영향으로 제품과 서비스를 중·고령 세대 중심으로 재편하겠다는 게 골자다.

이온은 이 보고서를 토대로 핵심 타깃을 50세 이상 시니어 고객으로 전환했다. 이를 위해 대대적인 점포 리뉴얼 작업에 착수, 가사이점뿐 아니라 치바 등 도심 외곽 주변 상권의 연령대가 65세 이상인 맨션(한국의 아파트) 밀집 지역에 세웠다. 이온은 현재 40여 개인 점포를 2025년까지 전국에 100곳 정도로 확대하는 것을 목표로 하고 있다.

G·G몰은 입구부터 노인 전용 출입구가 따로 있다. 입구에 들어서면 'WAON 카드'라 불리는 55세 고객 전용 카드를 찍고 입장한다. 큼지막하게 'WALKING COURSE'라 써진 글씨를 따라 입장하면 자연스럽게 걷기 운동이 시작된다. 4층까지 오르는 계단까지 계단 개수도 큼지막한 숫자로 적어놨다. 아침 7~9시 사이에 입장하면 제품 구매에 쓸 수 있는 쇼핑 포인트가 추가로 쌓이고, 매장에서 걸음걸이 수만큼 포인트가 또 쌓이게 만들어 노인들이 매장 안에서 자연스럽게 걷기 운동을 할 수 있게 유도한다.

1만 6,145㎡ 넓이 매장 외곽을 '워킹 코스'로 만들어 놓아 체조 시간이 아니더라도 이곳을 한두 바퀴씩 도는 노인들을 볼 수 있다.

　G·G몰의 가장 큰 특징은 점포가 전체가 한 묶음으로 '노인 커뮤니티 센터'처럼 탈바꿈한 것이다. 예를 들어, 1층 입구 근처 '케미 까페(Kemi café)'라 불리는 곳에서는 혈압계를 구비해두고 혈관 연령 등을 상시 분석해주고, 기력 회복을 원하는 노인들에겐 한방약 등을 지어주기도 한다. 현지 주민 입장에서 가장 획기적인 시설은 연중무휴(오전 9시부터 오후 9시까지)의 종합 클리닉이다.

　내과, 정형외과, 안과, 치과 등 13개 종류의 병원이 있어, 쇼핑을 하러 간 김에 진단을 받을 수도 있고, 예약 시간 전에 시설 안에서 이것저것 시간을 때우다 진료를 받을 수도 있다. 4층 이벤트 코너에서는 아침 7시 라디오 체조를 시작으로 워킹 강좌, 근육 저축 체조, 건강 식생활 세미나 등 다양한 노인 전용 운동 프로그램이 열린다.

　매장 한쪽 편 컬처클럽에선 사진, 시 낭송, 합기도, 요가 강좌, 트로트 행사, 건강검진 등 매달 색다른 강좌와 이벤트들이 노년층 눈길을 사로잡는다. 애완동물을 데려올 수 있는 카페, 조화(造花)를 비롯한 알록달록한 인테리어에 잔잔한 음악이 흐르는 카페, 게르마늄 온천 등 노인들이 즐길거리를 구석구석 마련했다. 또 별도 공간에는 무료로 입장하는 갤러리에 항상

작품 전시회를 열고 있다. 방문 당시에는 '엄마의 날' 행사에 자녀들이 엄마를 그린 그림이 40~50점 내걸려 있었다.

이 같은 커뮤니티 시설만으로는 결코 적정 수준 수익을 내기란 힘들 것이다. 사실 이런 부속 시설은 이른바 '연결 연쇄형' 모델로 마트 전체를 고령층의 모임의 장으로 만들어 발길을 잡아두기 위한 것이다. 이온의 경우 고객 1인당 마트 평균 체류 시간도 30분에서 50분으로 늘었다고 한다. 각 이벤트와 운동 프로그램을 통해 비슷한 취미와 고민거리를 가진 사람들과 친분을 맺고 취미를 나누고 담소를 즐길 수 있는 장소를 만들어 이를 통해 자연스럽게 소비 의욕을 촉진시킨다는 발상이 담겨 있다.

무엇보다 구석구석 고령층을 위한 배려가 재방문율을 높인다. 보통 많은 마트나 상점들은 고객들이 쉴 수 있는 계단을 에스컬레이터 옆의 통로에 두는 것이 일반적이다. 일부 백화점은 고객들이 앉아만 있을 것을 우려해 아예 의자를 치워버리는 경우도 있다.

하지만 이온의 고령층 마트는 행사장에도 많은 의자를 놓게 만들었다. 사실 중장년층에게는 도중에 쉴 수 있는 장소가 필요하다. 쉬고 싶을 때 쉴 수 있는 것도 서비스 부가가치의 일부분이다. 휴식을 적절하게 취할 수 있기 때문에 계속 머무를 수

어르신을 위한 요가 강좌 등 차별화된 이온만의 이벤트로 노년층 눈길을 사로잡는다.

있는 것이다. 또한 주변 맨션 단지를 매 20~30분에 한 번씩 도는 순환 버스를 운행해 접근성을 높이는 한편, 인지증(치매) 부모를 위한 서포터, 쇼핑 도우미 등 각종 안내원이 몸이 불편한 고객들의 쇼핑을 도와준다.

고령층을 단순히 오래 마트에 붙잡아두기만 해서는 매출이 오르지는 않을 것이다. 특히 고령층이 원하는 상품은 상대적으로 마진이 크지 않은 데다, 소비 여력이 30~50대에 비해 다소 떨어져 매대에 올리는 상품 진열 방식부터 점포 배치 전략까지 고령층 지갑을 열려면 고령층의 눈높이를 철저히 연구해서 전략을 짜야 한다.

그런데 리모델링 이후 매출이 이전보다 10~20% 증가했다는 게 이온 측의 설명이다. 그렇다면 무엇이 매출 상승을 이끌었던 것일까.

G·G몰의 고민이 엿보이는 간판 숍 중 하나는 '판타스틱'이라는 지팡이 전문점이다. 보통 고령자용 지팡이는 노인 간호용 상품의 구석에 한두 개씩 팔곤 하는, 조금은 다가가기 꺼려지는 제품으로 여겨진다. 여기에 상당수 고령층이 지팡이 사용 자체를 거추장스러워하는 경우가 적지 않다.

이에 '판타스틱'은 지팡이를 색깔별로, 디자인별로 멋지게 만들어 고령층에 어필하고 있다. 지팡이를 단순히 기능성 상품이 아니라 패션 상품으로 만들어 부정적적인 이미지를 긍정적인 이미지로 만들려는 것이다.

스포츠용품만 한 매장에 고급 소재를 사용한 지팡이부터, 손잡이에 꽃무늬가 새겨진 지팡이, 접어서 휴대가 간편한 지팡이까지 다양한 제품이 전시되어 있다. 이러한 시도는 지팡이를 한 노인들이 자신감 있게 지팡이를 들고 다니게 만들어 외출 시 안전사고 예방에도 도움이 된다는 게 이온 측의 설명이다. G·G몰에서 '판타스틱'만큼 인기를 끄는 상점은 노안경(老眼鏡)을 주력상품으로 취급하는 '오프트밸류'다. 원시·근시를 가리지 않고 그날 바로 안경을 받을 수 있어 안경 하나를 맞추러 먼 곳에서 오는 손님들도 적지 않다고 한다. 이곳 역시 고령층 대상 상품의 부정적인 이미지를 긍정적인 이미지로 바꿔 다양한 디자인의 안경을 진열해놓았다.

이온은 자회사 '이온펫(AEONPet)'을 통해 애완견 전문 요양시설도 열었다. 사육 환경, 의료기술이 발달함에 따라 반려동물의 수명까지 길어지자 나이 든 개를 돌보는 데 체력의 한계를 느끼는 노인들이 많아졌기 때문이다. 요양시설에는 의료설비는 물론 수영장, 체육관이 갖춰져 24시간 케어 서비스가 제공된다. 몸을 가누지 못하는 노견은 2시간마다 자세를 바꿔주기도 한다. 월 이용 요금이 100만 원을 넘지만 대기자가 있을 정도로 인기를 끌고 있다. 오랜 시간을 함께해온 반려동물을 마지막까지 돌봐주고 싶지만 여력이 안 되는 노인들의 심리를 꿰뚫어 본 결과다.

이 밖에 시니어 카트부터, 보청기, 건강기구 등 일반 마트에선 구석에 있어 찾기조차 힘든 물품들을 전면에 배치해 고령층이 좀 더 다가가기 쉽게 만든 것이 특징이다. 1층 식료품 매장도 각종 야채와 조미료를 자신이 필요한 양만큼 살 수 있게 했다. 계란도 10개 단위가 아니라 낱개로 판매하는 것은 물론, 심지어 조미료까지도 한 통이 아니라 매우 적은 단위로 나눠서 판다. 야채 절임 등 각종 반찬도 되도록 저염식으로 구비해둔다. 고령이 되면 기초대사량이 감소하기 때문에 식사량이 줄어들고, 특히 여성 고령층의 단독 세대가 많아져 필요한 식료품의 양이 많지 않다는 점을 고려한 것이다. 이와 마찬가지로 옷 가게에서도 고령층이 좋아하는 순면 소재의 국산 제품이 대다수이고, 서점에도 책 상당수가 역사소설이나 여행 서적 등 노년층이 즐겨 읽는 장르 중심이다.

시니어 친화형 금융 서비스
금융 사기 막는 트루 링크 파이낸셜

미국 실리콘밸리 벤처기업 '트루 링크 파이낸셜(True Link Financial)'은 2013년 설립된 후 시니어의 신용 사기를 막아주는 체크카드를 개발한 회사다. 이 카드를 개발하자마자 유통사와 금융회사로부터 큰 관심을 받았다. 금융 사기를 당하기 쉬운 고령자들이 피해를 보면 감당하기 어려운 비용 때문에 골치를 앓고 있었는데, 이를 단번에 해결해줬기 때문이다.

이 회사의 창업자 카이 스틴치콤베(Kai Stinchcombe)는 할머니로부터 사업 아이디어를 얻었다. 그의 할머니 루스(Ruth)는 학교 선생님으로 일하다 은퇴한 뒤 치매 진단을 받았다. 이후 집에서 홀로 외로움을 겪던 루스는 종종 걸려오는 텔레마케터의 전화나 외판원의 방문이 반가웠고, 그들의 부탁을 거절하지 못해 필요 없는 물건을 사기 일쑤였다. 심지어 치매가 심해지면서 신용카드 사기로 4만 달러의 돈을 사기당하기도 하고, 여동생을 가장한 사람에게 속아 수천 달러를 상대 계좌에 송금하기도 했다. 어느 날 스틴치콤베는 할머니가 수십 개에 달하는 정체불명의 단체에 매달 후원금을 보내고 있으며, 8년간 10만 달러에 이르는 돈이 기부됐다는 사실을 발견했다. 화가 난 스틴치콤베는 은행에 몇 번이고 전화해 돈을 돌려달라고 했지만 헛수고였다.

이후 스틴치콤베는 시니어와 지적 장애가 있는 사람들을 대상으로 금융 사기를 막는 카드사를 만들어야겠다고 결심했다.

트루 링크 파이낸셜은 시니어의 가족이 시니어의 재정 상태를 확인하고 관리할 수 있도록 한다. 가족들이 트루 링크 파이낸셜 사이트나 전화로 직불카드(debit card) 발급을 신청하면, '트루 링크 카드'와 함께 당좌예금 계좌가 개설된다. 이 계좌로 소비할 돈을 직접 입금하거나, 자동이체를 사용해 매달 정해진 금액만 송금할 수 있다.

트루 링크 카드에는 다양한 안전장치가 있다. 금융 사기가 의

Financial services for the people who care for others

노년층과 지적 장애가 있는 사람들을 대상으로 하는 금융 사기를 막는 카드사, 트루 링크 파이낸셜

심되는 카지노 도박, 복권 구입 등 '블랙리스트' 단체에 대해서는 출금 자체를 차단할 수 있고, 각종 정기 구독 서비스의 이용을 제한할 수 있다. 특정 상점에서 결제할 수 있는 금액을 제안하거나 ATM 최대 인출 금액을 설정해둘 수 있다.

사용자가 직불카드로 결제하는 모든 내역은 가족에게 문자 메시지로 전송된다. 보호자가 설정한 제한 내역 외에도 평소와 다르거나 의심스러운 거래가 감지되면, 가족에게 문자나 이메일로 알려주기도 한다. 서비스 비용은 월 10달러 수준이다. 트루 링크 파이낸셜에 따르면, 이용자가 트루 링크 카드로 절약하는 금액은 월평균 195달러에 이른다.

트루 링크 파이낸셜은《뉴욕타임스》, 유에스뉴스 등 미국 매체에 소개될 정도로 화제의 기업이 됐다. 2015년 트루 링크 파이낸셜은 총 340만 달러(39억 원)의 외부 투자를 유치했고, 시니어의 신용 점수를 보호하기 위한 사업도 진행하고 있다.

트루 링크 파이낸셜을 발굴해 세상에 널리 알린 주인공은 실리콘밸리만의 독특한 네트워크다. 구글과 P&G 등 3만 개 이상의 기업과 대학이 참여하는 '에이징 2.0(Aging 2.0)'이 대표적이다. 기업과 학계, 민간 노인 단체가 함께하는 산업 네트워크다. 요즘 에이징 2.0은 미국 시니어 시장을 겨냥한 벤처기업의 산실이 되고 있다. 이 같은 기업 주도 네트워크를 기반으로 미국 실리콘밸리는 이제 '실버 밸리(silver valley)'로 진화한다는 평가를 받고 있다.

에이징 2.0은 기업 간 네트워킹을 위한 플랫폼으로 고령 친화 제품이나 서비스를 제공하는 기업들의 활동을 지원하고, 고령 친화 산업에 필요한 생태계를 구축해왔다. 에이징 2.0의 스타트업 지원 사업 중 대표적인 사업은 '글로벌스타트업서치(GSS)'이다. 매년 개최되는 고령 친화 산업의 스타트업 대회인 이 행사를 통해 10개의 우수 기업을 발굴한다. 우버, 아마존, 구글 등 대기업의 주최로 진행되는 이 행사에서 기업들은 유망한 벤처를 스카우트하거나 투자할 수 있는 기회로 삼고 있다.

김영선 경희대 동서의학대학원 교수는 "에이징 2.0은 정부 중심의 고령화 산업의 성장 전략을 기업의 자발적인 시장 기여와 활성화로 전환했다는 데 의미가 있다"며 "기업은 시장 활성화를 위해 파트너십 강화에 초점을 두는 패러다임 전환을 이루고 있다"고 말했다.

미국에서 시작된 에이징 2.0은 이제 영국, 호주, 중국, 네덜란드 등 다양한 국가에서 기업 간 네트워킹 채널로써 활용되고 있다.

고령화사회로 접어들면서 급증하는 노인 인구와 함께 여러 사회문제도 빈번하게 발생하고 있다. 노동력 부족, 젊은 층의 노인 부양에 대한 부담 증가, 복지비 지출 증가 등의 문제다. 더군다나 이러한 사회문제는 노인들의 재정 상태가 불안정해지거나 무너지면 더욱 심각해진다. 그런 점에서 노인들의 재정 상태 관리는 노인의 생존 및 사회 부양 비용 부담 면에서 필수적이다. 그러나 현실적으로 가족들이 시니어의 카드 사용 및 통장 출금 내역을 일일이 관리해주기는 쉽지 않다. 심지어 노인들이 금융 범죄의 타깃이 되는 일도 빈번하다.

실제로 미국은퇴자협회(AARP)에 따르면, 노인이 금융 사기로 인해 매년 30억 달러의 피해를 본다고 추정했다. 알리안츠생명의 2016년 보고서에 따르면, 미국 노인의 37%가 금융 사기의 피해를 입는다. 한국도 스팸 전화나 문자로 인한 피싱 사기로 노인 피해가 적지 않으나, 효과적인 대책은 아직 없다. 보통 지자체에서 노인을 대상으로 피싱 사기를 피하는 방법 등을 알려주는 정도다.

아무리 노인이지만 그들의 사생활에 지나치게 간섭하며 자유를 제한한다는 비판이 나올 수 있다. 하지만 이 서비스의 본질은 가족들이 간접적 방식으로 시니어의 소비를 조절하도록 함으로써 사기 피해에 노출될 가능성을 미리 차단하여 결과적으로 노인들의 '독립적이고 자립적인' 소비를 할 수 있도록 유도하는 데 의미가 있다.

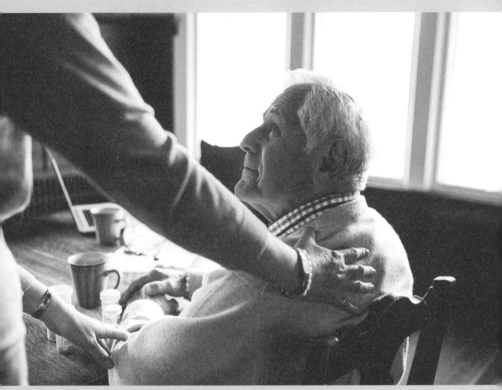

월 10달러 서비스 비용으로 노인들의 재산을 지키는 역할을 담당한다.

시니어 콘텐츠 비즈니스
노인대학을 거점 삼아 뿌리 내린
《쾌락노인보》

《쾌락노인보》는 중남(中南)미디어그룹 산하 샤오샹천바오(瀟湘晨報)에서 2009년부터 만든 노인 독자층 대상 신문이다. 중남미디어그룹은 2008년 후난(湖南)성에 설립된 곳으로 2010년 10월 상하이 증권거래소에 상장한 출판 거대 기업이다. 중국 내에 9개 출판사, 15개 간행물, 3개 홈페이지, 2개 일간지를 보유하고 있다. 매출의 70% 정도가 출판 발행 사업에서 나온다. 중국에서는 처음으로 노인 독자층을 대상으로 만든 신문이다. 다만 일간지는 아니다. 매주 월요일과 목요일에 발행한다.

快乐老人报

主管:中南出版传媒
主办:潇湘晨报
统一刊号:CN-43-00241
邮发代号:41-178
读者热线:0731-88905158

2009年9月28日 星期一 农历己丑年八月初十 快乐伴一生 每周一、四出版 第1期 今日32版

三位大师结缘《快乐老人报》

○"杂交水稻之父"袁隆平担任形象大使 ○中国佛教协会会长一诚大和尚题字祈福 ○中国书法家协会名誉主席沈鹏题写报名

《快乐老人报》今天正式出刊，作为国内首份精准定义"快乐老人生活"的现代都市纸媒，它从筹备开始就受到社会各界爱护。"杂交水稻之父"袁隆平、中国佛教协会会长一诚大和尚、中国书法家协会名誉主席沈鹏，三位备受世人仰慕的大师，一一给《快乐老人报》倾注大爱。

三人用不同方式结缘

在《快乐老人报》投放的宣传画上，总会出现一个老人高举奥运火炬奔跑的图片。老人就是今年80岁的袁隆平先生，其姿势矫健，活力备显。现在，先生除担任国家杂交水稻工程技术研究中心主任外，还是《快乐老人报》形象大使。日前，在长沙国家杂交水稻工程技术研究中心，当《快乐老人报》聘请袁先生担任形象大使的大红聘书呈送到先生案头时，先生欣然接受。

袁先生收下聘书不久，在北京法源寺，中国佛教协会会长、82岁的一诚大和尚专门题写"常乐我净"，送给《快乐老人报》所有读者和天下老人；在北京沈鹏先生的艺术工作室，中国书法家协会名誉主席、78岁的沈鹏先生笔走龙蛇，为《快乐老人报》写了两幅报名。

袁隆平院士、一诚大和尚、沈鹏先生（从左至右）通过不同方式与《快乐老人报》结缘。

祝愿老年朋友健康快乐

收下大红聘书后，袁隆平先生爽朗地笑："为老人们办报纸，这个好啊。以后，我不仅祝老年朋友健康长寿，更要祝他们健康快乐。对老年人来说，健康快乐最重要。"

一诚大和尚也给《快乐老人报》读者祈福："愿天下所有老年人幸福安乐，老有所养，共享福乐安康！"而沈鹏先生说，他祝愿全国中老年朋友们通过《快乐老人报》获取更多快乐，在最美不过的余晖里，赏明月清风，品夕照苍山。

工作和生活都快乐满满

袁隆平先生成就耀眼，生活也同样精彩，他擅长游泳，喜欢打排球、下象棋、拉小提琴、跳踢踏舞，自称是"80岁的年龄，50岁的身体，30岁的心态，20岁的肌肉弹性"。

一诚大和尚，深受佛教四众和社会各界敬仰，平时其讲究的是"参禅问道，解粘去缚以摄心"。沈鹏先生，除了书法，诗画也造诣精深，作品透露着纯真的心韵，他赠给一所中学题的词就是"启迪心灵升华人格"。（特约记者曾鹏辉 侯栓 贺迎辉）

相关报道详见07版

▶今日导读

中纪委重手打击"一家两制" 03.时事

欣赏旧照片自得其乐

人物档案：粟国辉，65岁，家住长沙市左家塘。

入选理由："您老才50多吧？""50多？哈哈，你猜吧！我都退休5年了。"碰到初次见面的人，粟老总免不了被问及年龄。也难怪，红润的脸庞，爽朗的笑容，挥洒自如的动作，他哪像一个60多岁的老人呢。"我每天都快快乐乐的，显得年轻也就理所当然了"。

粟老快乐的一个窍门就是看照片。粟老收藏着八本大相册，取名叫"快乐人生"，包括学生时代、恩爱夫妻、兴趣爱好等，分门别类地收着他小学到退休数十年里的五六百张相片。"人都是在快乐的时候才会拍照片，每当我遇到不开心的事啦，我就翻看照片，回忆拍照片时的场景，看着看着人就不由自主地笑了。"好多人说看照片回首往事是老了的表现，粟老并不认同："我这是总结人生，让快乐永驻。"

人物语录：人是因为快乐而年轻。

如果您是快乐的人，如果您身边有快乐的人，请将照片和资料寄给我们，或者直接来找我们。我们每期将评选一位快乐老人。

我最快乐 WOZUIKUAILE

粟国辉拿着自己70年代的夫妻照，笑得很开心。图/本报记者罗杰婷

■创刊词

快乐寻找精神的宁静海

每个人都有宁静的时候，在漫漫人生路上。

奉献这样一张新闻纸，真是一种豪奢的喜悦，在这最宁静又最宽阔的人生，与您在一起，是身为媒体的荣幸，也是身为媒体的责任。

最绚丽的秋叶，总在经霜后有着血液奔流的颜色，做老年人的媒体，是这个商业社会中，一份纯净的相守，一种快乐的相知，一种繁华落尽笑看风云的境界。这个世界不缺少媒体，但缺少真正去理解老年人的媒体；这个世界不缺少老年人，但缺少与老年人在一起的快乐、真正懂老年人的媒体，真正能沟通老年人与世界的媒体，仍是一块静静的处女地。

因此，我们不功利，我们不喧嚣，万水千山走过，当这样一份读物摆在您的面前，我们不求最好，但求相宜——她是属于您的，同时也是属于世界的。诗人早就说过："六十余年妄学诗，工夫深处独心知。夜来一笑寒灯下，始是金丹换骨时。"这个媒体愿意的，并且惟一能够奉献的，是与您一起，创造一种快乐寻找精神宁静海的阅读方式，创造一种充实宁静喜悦的生活方式。

上个世纪初露曙光之时，梁任公面对一个"老大帝国"的衰亡，写下《少年中国说》，"吾心目中有一少年中国在"。今天，我们创办这样一个媒体，心目中却自有一份快乐如少年的老年生活在。快乐是背起包，轻松是放下过去，何必珍珠魅寂寥，老并不可怕，可怕的是认为快乐已随岁月从心中远离。从今天开始，让我们一起，再次出发，寻找快乐。

《快乐老人报》创刊的这日子，也许并不会特别，但它是开始，它是前行。

本报编辑部

3500名退休人员首享医保异地报销

本报讯 洛阳与上海日前签订异地就医委托报销书，首批3500名曾在洛阳工作但目前在上海定居的退休人员，自今年10月1日起，其发生的住院医疗费用和特殊疾病门诊医疗费，可在上海市卢湾区医保中心报销。这些老人曾在"一五"时期到洛阳支持当地重点工程建设。（摘编自《东方今报》）

18位老战士将参加国庆游行

本报讯 为新中国诞生立下卓著功勋的共和国老战士代表，将首次出现在国庆群众游行队伍中，有关部门已经邀请了18名老战士。这18位老战士，年龄最大的86岁，最小的74岁，平均年龄80.7岁，绝大多数老战士参加过解放战争，还有一些参加过抗日战争。（据新华社）

社 长：刘剑
总编辑：周钢
助理总编辑：何谷 黎沙柳
编辑：贺银河 图编：罗杰婷
版式：陈文旭 校对：尹华智

本报选登的部分文章，因作者地址和电话不详，我们无法奉寄稿酬，烦请作者致电0731-88905158联系我们。

本报地址：湖南省长沙市韶山南路258号 邮政编码：410004 广告热线：0731-88902498 发行热线：0731-88906498 零售价：1.00元

고령층 전문 신문으로 폭발적인 인기를 얻고 있는 중국의《쾌락노인보》

창간 3년 만인 2012년 100만 부를 돌파하면서 주목을 받았다. 당시 발행량 기준 전국 5위 신문까지 도약하면서 《인민일보》, 《참고소식(參考消息)》, 《신화매일통신》, 《환구시보》 같은 중국 내 굴지 신문들과 어깨를 나란히 했다. 2020년 기준 현재 발행량은 500만 부에 달한다.

《쾌락노인보》는 "인생은 50세부터 시작이다"라는 모토 아래 신문을 제작하고 있다. 중국판 AARP(미국은퇴자협회) 소식지로 불린다. AARP는 미국 직장인들이 은퇴하면 거의 가입하는 단체로 고령층은 AARP 소식지를 통해 생활 관련 정보를 주로 챙긴다. AARP는 4,000만 명에 이르는 막강한 회원 수를 바탕으로 미국 내에선 엄청난 이익 단체로 자리매김하고 있기도 하다.

중국에서는 최근 심각한 고령화로 실버층을 대상으로 한 미디어를 발전시켜야 한다는 점을 국가적 전략으로 채택하는 움직임이 일고 있다. 퇴직 후 인생 2막을 살아야 하는 실버층을 대상으로 한 일거리나 취미거리 등을 찾아줘야 사회가 안정화될 것이라 보는 것이다. 최근 정부 주도로 기금을 마련해 노인층을 대상으로 한 미디어인 《은령중국(銀嶺中國·Silver age of China)》, 《노년체육(老年體育)》 신문 같은 매체를 잇달아 창간하고 있는 게 그 흐름으로 볼 수 있다.

《쾌락노인보》는 휴대폰을 가진 거의 모든 중국인이 사용하

인생 2막을 준비하는 중국의 '신노인'

는 '중국판 카카오톡' 위챗(Wechat)에 공식 계정을 운영하고 있
다. 이 계정과 함께 '신노인(新老人·new old man)'이라는 계정도
함께 운영한다. 신문 뉴스와 각종 콘텐츠를 공유하는《쾌락노
인보》공식 계정은 27만 명, 노인대학 운영과 생활 정보 위주로
운영하는 신노인은 216만 명 팔로워를 보유하고 있다.

'신노인'이란 단어는 퇴직을 앞두거나 퇴직했지만 경제활동
이 가능하고 사회적 재역할을 꿈꾸는 새로운 유형의 집단을
일컫는 의미다. 세계보건기구(WHO)는 최근 이 같은 신노인을
60~74세로 규정하고 있다. 반면 노인은 75~89세, 90세 이상은
장수 노인으로 분류한다. 이런 분류법은 이탈리아에서 고령화
가 가속화하자 일찌감치 퇴직했지만 인생 2막을 준비해야 하
는 연령대를 '신노인'으로 구분하기 시작한 데서 유래했는데, 중
국에서도 최근 신노인층이 두터워지면서 사회적으로 대비해야
할 필요성이 생기면서 이 같은 개념을 적극 채택하고 있다. 중
국에서 여성은 대개 55세 정도에 퇴직하고, 남성은 60세가 주
퇴직 연령인 상태다.

《쾌락노인보》는 중국 노인, 그중에서도 '신노인'들이 관심 가
질 만한 콘텐츠를 전달하는 게 전략이다. 노인 관련 박람회, 생
활 정보, 노인대학, 노인 전용 보험, 의료기관, 양로원 가격 비
교 정보 등 노인들을 대상으로 한 다양한 콘텐츠를 다루고 있

다. 노인 독자가 타깃이다보니 신문에 인쇄하는 글씨 크기는 되도록 크게 배열한다. 보통 우리나라 신문 활자보다 2배 가까이 크다. 신문 오른쪽 상단에 날짜를 크게 인쇄하는 게 특징인데, 이는 노인들이 오늘이 며칠인지 자주 잊는다는 점을 배려한 조치라고 한다. 온라인 홈페이지(www.laoren.com)를 보면 노인들이 관심 있어 하는 최신 유행 광장춤, 수명 계산기, 국내 여행과 한국 여행 정보, 양로원 가격 비교, 노인대학 관련 안내, 옛날 시 감상 등 항목이 자잘하게 널려 있다. 중국 지역별 사회보험 제도를 찾을 수도 있고 중국 노인들이 자주 찾는 건강식품, 건강용품을 판매하는 쇼핑몰과 협업해 상품 정보를 올려놓기도 한다. 온라인 수업, 고시(古詩) 감상 등 별의별 메뉴가 다 있다.

한국 방송 MBC에서 만든 예능 프로그램 '아빠 어디 가' 이름을 패러디해 '엄마 아빠 어디 가(爸妈去哪儿)'라는 플랫폼도 만들었다. 중국 국내 여행지에 대해 《쾌락노인보》 회원들이 평판하는 플랫폼인데 주로 절강성, 광시성, 허난성, 후난성 등 중국 노인들에게 인기 있는 중국 여행지를 소개하고 후기를 남기는 곳이다. 14억 명 인구 중국은 스마트폰 보급률이 68%로 한국(95%)보다는 낮지만 갈수록 높아지고 있다. 노인들도 스마트폰을 잘 쓰기 때문에 이를 고려해 제작했다. 노인들의 경우, 장거리 비행을 꺼려해 5시간 이내 비행시간에 맞춘 여행상품이 인기를 끌고 있는데, 이 중 한국이 주요 여행지로 떠오르며 홈페이지에 '한국 여행' 전용 메뉴가 있을 정도다. 이들을 대상으로 한 인기 관광지는 서울(경복궁)~남이섬~통일전망대를 도는 코스다. 2015년에는 대구시와 MOU(양해각서)를 맺고 대구 관광 상품을 자체 개발하기도 했다.

노인들은 온라인에 쏟아지는 정보 홍수 속에 진짜 뉴스를 분별하기 어렵다는 점을 자주 호소한다. 특히 광고나 여행상품 등은 노인들을 유혹하긴 하지만, 막상 구입해보면 가성비에 훨씬 못 미치는 저질 상품이 기승을 부리는 경우가 적지 않다. 이 때문에 노인들은 정제된 정보를 제공받기 원하는데《쾌락노인보》는 이런 거짓 정보와 과대광고를 걸러내고 노인들에게 진짜 필요한 정보와 상품을 추천한다는 점에서 노인 독자들 신뢰를 쌓고 있다.

《쾌락노인보》는 '집 앞에 있는 학교'라는 콘셉트로 2018년부터 노인대학을 곳곳에 설립하면서 호응을 얻고 있다. 창사, 창더, 융저우 등 전국에 100여 개 노인 캠퍼스를 열었고, 이 중 《쾌락노인보》본사가 있는 창사에 80개 캠퍼스가 운영 중이다. 노인들이 관심을 가질 만한 강좌가 100여 개에 달하고, 수강생이 2만여 명이 밀려들 정도로 반응이 좋다. 안무가, 성악가, 운동선수, 서예가, 사진작가 등으로 이뤄진 강사진 500여 명이 강의를 맡고 있다. 오프라인 인기 강좌는 신청자가 밀려 길게 줄을 서거나 밤을 새가며 자리를 받아야 할 정도라고 한다.

노인대학은 공익성이 강한 까닭에 학비가 저렴한 편이라 노인들 사이에서 인기가 높다. 온라인 대학 앱 수강 신청 페이지에는 603개 과정이 올라와 있고, 인기 과목의 경우 수강자가 수업당 2만 명 이상 몰리기도 한다. 주로 건강, 댄스, 화법(커뮤니케이션 방법), 음악교실 등이 노인들에게 인기가 높다. 노인대학 강좌를 통해 연령층 커뮤니티가 형성되기도 한다.

중국 역시 세계 다른 나라들처럼 인쇄 매체들이 발행량이 점점 줄어들며 고전하고 있는데, 이런 와중에 《쾌락노인보》는 인쇄물에 익숙하고 지면으로 내용을 보기 원하는 노인을 대상으로 영향력을 키워왔다는 점에서 주목할 만한 성과를 내고 있다. 《쾌락노인보》는 2020년 말 후난성 출판물협회로부터 '후난성우수출판물' 상을 타기도 했다.

04

떠오르는 거대한
고객 집단을 잡아라

쇼핑 편의 극대화
이동식 슈퍼 도쿠시마루

최근 일본 시골 곳곳에선 고령층을 겨냥한 '이동식 슈퍼'가 성업 중이다. "근처 슈퍼들이 망해버려 곤란하다", "날씨가 너무 더워 멀리 움직이기 곤란하다", "다리와 허리가 아파서 외출하기 힘들다", "이젠 운전대를 잡기 어려워 마트 가기가 곤란하다" 등 다양한 이유로 마트에 가기 힘든 고령층을 겨냥해 매주 2회씩 단골 고객들의 집 근처까지 트럭을 끌고 와 신선식품과 생활용품을 판매하는 비즈니스 모델이다. 도쿠시마루는 2012년 도쿠시마현에서 《아와와》라는 지역 잡지를 운영하던 스

도쿠시마루 직원이 동네 주민과 담소를 나누고 있다.

미토모 타츠야 씨가 세운 스타트업이다.

외딴 산간 지역에 사는 어머니가 물건을 사기 어려움을 해결해주고자 창업했던 게 출발점이다. 창업 초기 스미토모 씨는 동네를 돌며 여러 슈퍼에 같이 일해보자고 손을 내밀었으나, 대부분 손사래를 쳤다고 한다. 보통 이동식 판매 서비스는 사업을 계속 꾸려나가기 어렵다는 인식이 짙었기 때문이다.

날씨, 교통 사정, 규제 등 각종 변수로 인해 매출이 안정적이지 않은 경우가 많고, 운영 방식도 보통의 슈퍼마켓보다 더 많은 노하우가 필요하기 때문이다. 스미토모 씨는 유일하게 '패밀리료코쿠'라는 슈퍼 한 곳으로부터 납품을 약속받고 미니트럭 2대를 끌고 사업을 시작했다.

도쿠시마루의 가장 큰 경쟁력은 아날로그식 영업이다. 일본 소매업계에서도 인터넷 장 보기가 주류가 되고 있으나, 상당수 고령층은 스마트폰이나 컴퓨터 사용이 익숙지 않아 여전히 인터넷으로 장을 보는 데 애를 먹는다. 도쿠시마루는 이러한 틈새를 파고들어 '인터넷 장 보기'를 '대면 네트워크' 장 보기 모델로 대체해 슈퍼마켓의 대안 모델로 고령층을 사로잡았다. 각 지역에 뻗은 차량 네트워크를 기반으로 흩어져 있는 잠재 고객인 고령층을 소비 시장으로 끌어들이는 것이다.

트럭 한 대가 보통 일주일에 3개의 루트를 도는 것이 기본 공식이다. 월요일과 목요일, 화요일과 금요일, 수요일과 토요일에 각각 같은 장소를 돌아 같은 고객을 3일에 한 번씩 만나는 방식이다. '토쿠토쿠토쿠시마루~'로 시작하는 경쾌한 음악을 틀어 손님을 끌어모아 영업을 시작한다. 주황색 유니폼을 걸친 직원들이 트럭 뒤에 달린 박스를 열고 서글서글한 웃음을 지으며 동네 주민이 필요한 물건을 건넨다. 비가 와도 우비를 쓰고 고객 집 앞까지 찾아간다. 순회 루트를 짤 땐 고령화 비율과 슈퍼마켓 숫자 등 각종 통계 지표를 참고하지만, 반드시 직접 동네를 여러 차례 돌아본 후 루트를 확정한다. 동네를 돌아보는 과정에서 한 집 한 집 모두 방문해 고령층 고객들에게 "이동식 판매 서비스를 시작할 예정인데 관심이 있으신가요"라고 말을 걸며 직접 설문 조사지를 건네고 얼굴을 익힌다.

창업 초기 스미토모 사장은 각 지역의 수요를 살펴보러 매번 8,000엔이 넘는 택시비를 내고 동네 구석구석 돌며 고령층의 수요를 살폈다고 한다. 그 과정에서 '마트에서 한 번에 음식을 3만 엔어치를 사두고 냉동실에 쟁여두는 할머니'부터, '몸이 불편해 요리를 할 수 없어 매일 간편 도시락을 사 먹는 아줌마' 등 다양한 수요가 있다는 사실을 알아챘다. 그렇게 각 고객에 하나씩 하나씩 필요한 상품이 무엇인지 묻고, 트럭에 채우기 시작해 지금은 냉장 시설을 갖춘 트럭에 고기, 야채, 과일 등 기본적인 신선 식품은 물론, 스시, 도시락, 절임 야채, 반찬 등 약 400개 품목의 상품 1,200~1,500개를 싣고 달린다.

상당수 시골 마을이 고령화의 직격탄을 맞아 슈퍼들이 줄줄이 폐점해버린 탓에 도쿠시마루의 등장은 '슈퍼 난민'들에게 구세주와 같은 존재였다. 특히 마을에 100세대밖에 남지 않았는데 이 중 절반이 고령층인 외딴 시골마을에선 특히나 인프라가 열악해 "일본 같은 선진국에서도 물건 하나 사기가 이렇게 힘든가"라는 한탄이 끊이지 않았다. 일본 농림수산성 조사에 따르면 약 850만 명의 고령층 주민들이 물건을 사는 데 애를 먹는다고 한다. 도쿠시마루는 이러한 고령층의 애로사항을 자연스럽게 해결해준 덕분에 창업 7년 만에 운영 트럭 대수는 2대에서 506대로 늘어났고, 지금은 단골 고객이 6만~7만 명에 달한다. 보통 차량당 하루 평균 매출은 2019년 8만 엔에서 2020년 10만 엔으로 25% 늘었다.

도쿠시마루가 덩치를 불릴 수 있던 비결 중 하나는 독특한 운영 방식이다. 도쿠시마루는 다른 지역에서 대신 트럭을 운영해주는 개인 사업자를 '판매 파트너'라 부르는데, 이들에게 로열티를 프랜차이즈처럼 매출의 일정 비율을 걷는 것이 아니라 정액제로 매달 3만 엔씩 받는다. 330만~350만 엔의 트럭 구입 비용은 '판매 파트너'가 부담한다. 도쿠시마루는 로열티를 받는

다양한 물건이 구비되어 있는 도쿠시마루의 트럭

대신 각 지역의 슈퍼체인으로부터 물건 공급을 받을 수 있도록 둘 매칭을 시켜주는 게 주된 역할이다. 도쿠시마루에 납품하는 슈퍼체인은 157곳에 달한다.

슈퍼 입장에서도 보통 반경 300m 정도만 배달이 가능했던 데다, 자체적으로 트럭을 구매하고 드라이버를 쓰려면 많은 위험 부담을 감당해야 했기에 '아웃소싱' 형태로 매출을 10~20% 늘리는 것이 이득이라고 봤다. 또한 각종 대기업 계열 '드럭스토어'나 '편의점'의 입점으로 매출이 절반 가까이 줄었던 지역 영세 슈퍼체인은 도쿠시마루의 등장을 반겼다. 도쿠시마루를 매출을 갉아먹는 경쟁자로 보지 않고 동반자로 여긴 일부 슈퍼체인은 광고물 배포나 홈페이지 등을 활용해 도리어 도쿠시마루의 영업을 지원해주었다. 지역 슈퍼와 판매 파트너가 유통·판매 등 운영 위험 부담을 분산하고 책임 소재를 명확하게 한 덕분에 서로 '윈-윈' 할 수 있는 믿음이 생겨난 것이다.

무엇보다 주효했던 차별화 포인트는 로열티의 대가로 다른 지역의 성공 노하우를 전수해줬다는 점이다. 동네 장사를 할 때 몸에 익히는 '암묵지(暗默智)'를 매뉴얼로 만들어 다른 동네의 누구라도 응용할 수 있도록 패키지로 만든 것이다. 인재 모집, 단골 고객 발굴법, 트럭 운행법 등 사업이 궤도에 오를 때까지 조수석에 동승해 가이드라인을 제시해준다. 판매 파트너는 이러한 과정을 거쳐 지역 사정에 빠삭한 개인 사업자로 성장하게 된다. 도쿠시마루의 핵심 수익원은 슈퍼에서 판매하는 가격에 얹는 수수료다. 도쿠시마루는 이 수수료를 10엔(약 110원)으로 정했다. 슈퍼에서 1,000엔에 파는 도시락을 1,010엔에 파는 방식이다. 이 수수료가 10엔보다 비싸면 고객층이 비싸다고 느낄 가능성이 크고, 반대로 10엔보다 낮으면 수익성이 떨어져 사업 지속이 불가능하다는 게 도쿠시마루의 판단이다.

도쿠시마루가 사업을 계속 이어갈 수 있었던 비결 중 하나는 수입 배분 방식에 있다. 판매 파트너는 이동 판매 대가로 얹은 10엔을 지역 슈퍼체인과 절반씩 나눠 갖는다. 또한 상품 판매에 따른 영업이익은 보통 약 30% 정도인데, 지역 슈퍼가 13%, 나머지 17%는 판매 사업자의 몫이 된다. 도쿠시마루 본사는 정액 로열티 이외에는 추가로 비용을 요구하지 않는다. 이러한 수익 구조에선 본사는 트럭을 10대는 굴려야 흑자를 낼 수 있었기에 창업 초기엔 매달 40만~60만 엔의 적자를 냈다고 한다. 그럼에도 이러한 방식을 고수했던 것은 누구도 손해를 보지 않는 지속 가능성 구조를 만드는 것이 핵심이라고 생각했기 때문이다. 스미토모 사장은 "열심히 일한 만큼 모두가 수익을 나눠 갖는 도쿠시마루식 프랜차이즈 모델"이라고 말한다.

도쿠시마루가 워낙 구석구석 전국을 누비다보니 최근엔 대기업들이 도쿠시마루의 도움을 빌리고자 먼저 손을 내민다. 예를 들어, 코카콜라 재팬은 2018년 도쿠시마루에 고령자 마케팅 조사를 의뢰했다. 고령자 열사병 대책의 일환으로 이온 음료를 무료로 배포하고 시음자들의 반응을 조사하는 것이 목표였다. 무엇보다 대기업들의 반응이 좋은 것은 서면 응답 대신 고객으로부터 솔직한 반응을 육성으로 들을 수 있다는 점이다. 유통 대기업도 도쿠시마루의 성장에 눈독을 들이고 있다. 2016년 대형 슈퍼체인인 오릭스는 아예 도쿠시마루 지분을 일부 사들이는 방식으로 제휴를 맺었다. 오릭스는 자본 제휴를 통해 도쿠시마루에 고령층 고객 접근 노하우를 전수하는 한편, 도쿠시마루의 네트워크와 인재를 활용할 방침이다.

도쿠시마루는 2020년 4월 편의점 대기업인 세븐아이홀딩스의 자회사인 이토요카도와도 제휴를 맺고 도쿄 수도권에서도 트럭 영업을 개시했다. 이 밖에 이동판매 사업뿐 아니라 지자체, 경찰서와 제휴를 맺고 동네 순찰 등에도 협력하고 있는 등 다양한 방면에서 인지도를 높이고 있다.

시니어 아지트를 꿈꾼다
모어댄어카페의 커뮤니티 서비스

미국 일리노이 주 에반스톤에 사는 수잔(81)은 바쁜 일정을 소화하느라 몸이 열 개라도 모자란다며 행복한 비명을 지른다. 매주 월요일 오전 10시에는 '모닝 북클럽'에 참석한다. 이번 주 선정 도서는 따끈따끈한 신간 소설 『위스키 앤 리본스(Whiskey & Ribbons)』.

대화에 적극적으로 참여하기 위해 주말 내내 책을 손에서 놓지 않았다. 토론을 진행하는 강사와 수강생 10여 명으로 이루어진 독서 토론 모임에 책 구입 외에 따로 드는 비용은 없었다.

수요일 11시는 피트니스 시간이다. 맨해튼 줄리아드대에서 무용을 전공한 강사가 가르치는 관절에 좋은 체조 동작과 호흡법을 배운다. 회당 수업료는 2달러(약 2,400원)다. 목요일 1시는 수잔이 가장 좋아하는 '영화의 날'이다. 이번에도 극장 값의 4분이 1도 안 되는 2달러를 내고 시원한 대강당에서 신작 영화인 〈작은 아씨들〉을 관람했다. 비스킷과 커피 등 가벼운 간식도 제공됐다.

목요일 1시 역사 수업에서는 노동운동가 엘리자베스 걸리 플린의 업적을 배웠다.

금요일은 카페에 모여 친구들과 각자 한 주를 어떻게 보냈는지 안부를 묻는 날이다. 수잔은 "다음 달 열리는 성가대 공연을 위한 의상·소품 준비를 위해 논의하고, 다음 주 점심 파티에 누가 참석할지 물어볼 참"이라고 말했다.

이렇게 수잔이 일주일 동안 사용한 금액은 20달러 안팎. 한국 돈으로 2만 원이 조금 넘는 돈으로 공부하고, 영화 보고, 춤추고, 밥 먹고, 커피도 마신 셈이다.

수잔이 매일 출근 도장을 찍는 이곳은 미국 시카고에 세 곳의 지점을 둔 매더라이프웨이즈(Matherlifeways)의 '모어댄어카페(More than a Cafe)'다.

이곳의 슬로건은 '잘 먹고, 잘 배우고, 잘 놀고, 잘 늙는 이웃

잘 먹고, 잘 배우고, 잘 놀고, 잘 늙는 이웃 공간 – 모어댄어카페

공간(a neighborhood place to eat well, learn well, play well, age well)'
이다. 자선사업가 알론조 매더가 세운 비영리단체(NPO)로 출범
했다. 매더는 27세 나이에 도매업으로 사업을 시작해 백만장자
가 된 자수성가 사업가로, 1927년 시카고에 세운 43층짜리 '메
더 타워'로 이름이 알려져 있다.

그는 "사회가 노화를 바라보는 시선을 바꾸고 싶다"는 생각
으로 92세인 1941년에 시니어를 위한 공간인 '매더카페플러스'
를 시작했고, 이후 이름을 '모어댄어카페'로 바꿨다.

알론조 매더는 '잘 늙는다는 것(aging well)'은 인생에 걸친 혁
신이라는 철학을 가지고 있다. 그는 "내 인생은 단 한 번도 정
체된 적이 없다"며 "늘 새로운 아이디어를 가지고, 새로운 프로
젝트와 비전을 실험해왔다"고 말했다.

이름만으로도 알 수 있듯이 모어댄어카페는 단순히 커피를
마시는 '카페' 이상의 기능을 한다. 미국 경제 매체《포춘》등은
모어댄어카페에 대해 흔히 '시니어 버전의 스타벅스'라는 표현
을 했는데, 이는 모어댄어카페의 본질을 제대로 담지 못한 단편
적인 비유에 불과하다.

카페의 쾌적한 공간과 식음료는 모어댄어카페가 제공하는
프로그램 중 '빙산의 일각'일 뿐, 정확히는 시니어를 위해 다양
한 교육·놀이·레저 프로그램을 제공하는 대학교 또는 커뮤

니티에 가깝다. 한마디로 카페(Café)와 캠퍼스(Campus), 공동체(Community) 기능이 하나로 합쳐진 복합 문화공간이다. 모어댄어카페 측은 '이터테인먼트(Eatertainment, Eat+Entertainment)'를 지향한다고 했다.

매더라이프웨이즈가 시니어 커뮤니티를 카페의 형태로 구현한 이유는 사람들이 한곳에 모이는 가장 보편적인 활동이 먹고 마시는 행위라고 판단했기 때문이다. 처음부터 '문화센터'라고 규정해버리면 사람들이 특별한 목적의식을 가지고 와야 한다는 부담을 느낄 수 있지만, 카페는 별 이유 없이도 자연스럽게 방문해 시간을 때울 수 있는 공간이기 때문이다.

대신 카페 이용 금액이 비싸서는 안 된다. 이곳의 커피 한 잔은 95센트(약 1,150원)로 미국 물가를 감안했을 때 상당히 저렴하고, 폭립·버거·샐러드·오믈렛 등 한 끼 식사도 5~8달러(6,000~9,500원) 선에서 해결할 수 있다. 심지어 교육 프로그램을 문의하거나 신청하는 전화료까지 수신자 부담으로 해둘 정도로, 주머니 사정이 여의치 않을 시니어를 배려했다.

시니어들은 이곳의 가성비 높은 서비스에 고마움을 느낀다. 모어댄어카페의 노우드파크점에서 만난 캐서린(68)은 "카페는 '저렴한 보석'이다"라며 "보통 레스토랑과 커피숍의 3분의 1도 안 되는 가격"이라고 소개했다. 그는 "음식이 플라스틱 접시에 제공되기 때문에 고급 레스토랑은 물론 아니지만, 시설이 깨끗하고 젊은 인테리어 느낌이기 때문에 좋다"며 "이곳에서는 누구에게나 말을 걸고 친구가 될 수 있다"고 말했다.

이곳에는 하루 평균 300여 명이 방문한다. 방문객 중 약 70%가 한 달에 10회 이상 재방문할 정도로 단골이 많다.

모어댄어카페의 성공 비결은 시니어를 위한 장소라는 이미지를 없애면서도 은근슬쩍 시니어를 배려한 점에 있다. 일단 카페 분위기부터 젊다. 실리콘밸리 기업의 카페테리아를 연상시키는 인테리어는 20~30대를 위한 공간과 다를 게 없다. 보통 양로원은 텔레비전을 중심으로 푹신한 소파와 어둡고 화려한 벽지로 꾸며진 곳이 많은데, 이곳은 빨간 플라스틱 의자, 원목 테이블에 노란 벽지가 눈에 들어왔다. 테이블 위 유리병에 꽂힌 하얀 카라 꽃은 활기찬 느낌을 더했다.

시카고 교외에서 30분을 운전해서 방문한 알버트(72)는 "모어댄어카페는 노인을 위한 시설 같은 느낌이 전혀 없다"며 "새로운 과목을 배우고, 서로 공감하며, 젊은 시절과 별반 다르지 않게 살 수 있다"고 말했다. 그는 "노인은 공원에 우두커니 앉아 있거나 체스 두는 정도가 여가의 전부로 알고 있는데, 우리는 열띤 토론을 하고, 살사 춤도 춘다"고 말했다.

그렇다고 무조건 젊은이 문화만 따라하는 건 아니다. 시니어

모어댄어커피에 모인 모든 이들이 마음의 벽을 허물고 친구가 된다.

를 위한 배려도 잊지 않았다. 모어댄어카페의 아침 식사는 7시 반부터 제공된다. 보통 시카고, LA 등 주요 도시 프랜차이즈 매장의 식사가 9시~10시에 시작하는 것보다 훨씬 빠르다. 기상이 이른 시니어를 배려한 결과다. 아울러, 거동이 불편하거나 시카고에서 멀리 떨어져 방문이 어려운 시니어도 모어댄어카페를 이용할 수 있다. 전화 혹은 온라인 화상회의 서비스 줌(ZOOM)을 통해 명상·요가 수업뿐 아니라 상담치료사와 대화, 인공지능(AI)·가상현실(VR) 등 신기술에 대해서도 배울 수 있다. 자녀, 손주들과 함께 즐기도록 구성된 프로그램도 있다.

모어댄어카페의 행사 중 가장 눈에 띄는 건 바로 미국 대학 캠퍼스 못지않게 파티 문화가 자연스럽게 녹아 있다는 점이다. 카페 곳곳에는 캠퍼스 내 게시판처럼 광고물이 덕지덕지 붙어 있는데, 다양한 파티, 모임에 대한 홍보물이다. 파티의 경우 보통 100여 명이 참석하는데, 주제는 매번 다르다. '가든파티', '봄의 축제', '라틴 향연', '그릭 페스티벌' 등 주제에 따라 데코레이션, 식사 메뉴, 드레스 코드 등이 달라진다. 그리스 문화를 주제로 열린 '그리스 페스티벌'의 경우 전통 음식인 수블라키와 소스인 차지키를 맛볼 수 있다. 비용은 15~17달러로 보통 레스토랑 이용할 때와 비교해 훨씬 저렴하다. 파티에서 만나 자연스럽게 친구가 된 시니어들은 자발적으로 모여 성가대를 결성해 공연하거나 삼삼오오 여행을 떠나기도 한다.

매더라이프웨이즈 최고경영자(CEO) 메리 리어리는 "시니어에게 필요한 것은 넥스트라오디네리(Nextraordinary·Next와 Extraordinary의 합성어)"라고 말했다. 비범한 경험을 일상으로 만들어야 한다는 얘기다.

시니어의 삶의 질을 개선했다는 점에서 매더라이프웨이즈는 지금까지 국내외에서 총 250개의 상을 받았다. 분야도 지역사회 공헌, 서비스, 연구개발(R&D), 건축, 디자인 등 다양하다.

그렇다면 인건비도 안 나올 만큼 저렴한 비용을 요구하지만 각종 행사·교육 프로그램 주관으로 지출은 클 수밖에 없는 모어댄어카페는 어떻게 돈을 벌까.

모어댄어카페의 목적은 단순히 시니어로부터 얻는 수익이 아니다. 이곳을 운영하는 매더라이프웨이즈는 시카고 소재 도심형 시니어타운과 애리조나의 전원형 고급 시니어타운, 그리고 고령화 연구소를 함께 운영한다. 즉, 카페를 방문하는 모든 고객은 시니어타운과 연구소의 잠재 고객으로, 매더라이프웨이즈의 가성비 높은 프로그램을 경험했기 때문에 브랜드 충성도가 높은 편이다.

아울러, 시니어가 이용하는 각종 프로그램에 대한 피드백은 고령화 연구소의 자료로 쓰인다. 리어리 CEO는 "카페와 시니어타운을 이용하는 노인들에 대한 연구조사 결과물은 고스란히 다시 시니어 이용자들에게 적용, 혜택이 돌아가도록 하는 선순환 구조를 갖는다"며 "시니어는 우리에게 연구 대상이자 잠재 고객"이라고 말했다.

고객 감성 만족
코메다커피의 시니어 공략법

토요일 아침 7시 30분쯤 일본 도쿄 인근 '코메다 (Komeda)커피' 점포를 찾았다. 매장 안에는 6~7명 정도 되는 중년 남성들이 따뜻한 커피와 토스트를 앞에 두고《아사히》나 《마이니치》같은 조간신문을 읽고 있었다. 토요일 오전인데도 벌써 매장 곳곳 자리가 차 있는 풍경은 아침형 인간(朝型人間)이 흔한 일본에서도 그다지 자주 볼 수 있는 건 아니다. 더구나 중년 이상 남자들이다.

그건 코메다커피라는 브랜드의 힘이다. 수년 전부터 일본 커피업계에선 '코메다 열풍'이 타오르고 있다. 그 핵심 소비층은 고령자들이다.

코메다커피 매장에 들어서면 은은하게 퍼지는 고소한 토스트 향기가 먼저 후각을 자극한다. 내부는 옛날식 인테리어로 꾸몄다. 복고 정서를 불러일으킨다. 고령층이 핵심 고객이다보니 내부 장식은 안정감을 주는 데 주력했다고 한다. 목재와 시멘트, 안료를 섞지 않은 외벽재와 벽돌로 공간을 꾸며 아늑한 느낌을 준다. 특히 인테리어를 설계할 때 건축업계에서 쓰는 전문 지표 '목시율(木視率)'을 주목했다. 건축 자재인 나무가 눈에 보이는 비율을 의미한다.

일반 주택이 통상 20%대인데, 자연 소재를 많이 사용해 이 수치가 40%를 넘으면 사람이 안정감을 더 느끼기 시작한다는 연구 결과에 주목, 목재 사용 비율을 높였다. 그러다보니 어느 매장에 들어가도 바닥부터 의자까지 대부분이 나무로 깔려 있는 점이 코메다커피 매장 특징이다.

일본 경제 고도성장기(1970~1980년대) 유행하던 일본식 찻집 '킷사텐(喫茶店·차와 함께 간단한 요리를 파는 곳)' 문화를 간직하려는 노력이 곳곳에 흔적처럼 보인다.

하이테크 시대에는 '활자 중독' 일본에서도 대부분 사람들이 스마트폰으로 정보를 찾는다. 그런데 코메다커피 매장엔 출

コメダ珈琲店

10個以上のご注文の際は、前々日までにご注文をお願いします。／ご不明な点は、お気軽にお問い合わせ下さい。

店名	電話	営業時間
鹿児島国分店	☎0995-45-7887	7:00～23:00 (22:10 ラストオーダー)
鹿児島鹿屋店	☎0994-40-8008	7:00～23:00 (22:10 ラストオーダー)
鹿児島川内店	☎0996-20-8211	7:00～23:00 (22:10 ラストオーダー)
鹿児島吉野店	☎099-295-7105	7:00～23:00 (22:10 ラストオーダー)
鹿児島出水店	☎0996-64-8339	7:00～23:00 (22:10 ラストオーダー)
南さつま加世田店	☎0993-52-6055	8:00～21:00 (20:20 ラストオーダー)

お持ち帰りメニューのご案内

写真はイメージです。テイクアウト用の容器にて、ご提供となります。

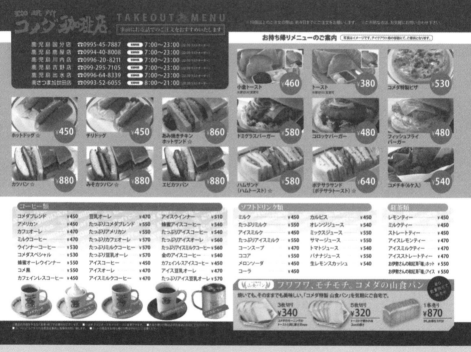

- 小倉トースト（小倉あんに変更可） ¥460
- トースト（小倉あんに変更可） ¥380
- コメダ特製ピザ ¥530
- ホットドッグ☆ ¥450
- チリドッグ ¥450
- あみ焼きチキンホットサンド☆ ¥860
- ドミグラスバーガー ¥580
- コロッケバーガー ¥480
- フィッシュフライバーガー ¥480
- カツパン☆ ¥880
- みそカツパン☆ ¥880
- エビカツパン ¥880
- ハムサンド（ハムトースト）☆ ¥580
- ポテサラサンド（ポテサラトースト）☆ ¥640
- コメチキ（6ケ入） ¥540

コーヒー類

コメダブレンド	¥450	豆乳オーレ	¥470
アメリカン	¥450	たっぷりコメダブレンド	¥550
カフェオーレ	¥470	たっぷりアメリカン	¥550
ミルクコーヒー	¥470	たっぷりカフェオーレ	¥560
ウインナーコーヒー	¥530	たっぷりミルクコーヒー	¥570
コメダスペシャル	¥530	たっぷり豆乳オーレ	¥570
蜂蜜オーレウインナー	¥550	アイスコーヒー	¥450
コメ黒	¥550	アイスオーレ	¥470
カフェインレスコーヒー	¥450	アイスミルクコーヒー	¥470

アイスウインナー	¥510
蜂蜜アイスコーヒー	¥540
たっぷりアイスコーヒー	¥540
たっぷりアイスオーレ	¥560
たっぷりアイスミルクコーヒー	¥560
金のアイスコーヒー	¥540
カフェインレスアイスコーヒー	¥450
アイス豆乳オーレ	¥470
たっぷりアイス豆乳オーレ	¥570

ソフトドリンク類

ミルク	¥450	カルピス	¥450
たっぷりミルク	¥550	オレンジジュース	¥540
アイスミルク	¥450	ミックスジュース	¥550
たっぷりアイスミルク	¥550	サマージュース	¥550
コーンスープ	¥470	トマトジュース	¥540
ココア	¥550	バナナジュース	¥550
メロンソーダ	¥550	生レモンスカッシュ	¥540
コーラ	¥450		

紅茶類

レモンティー	¥450
ミルクティー	¥450
ストレートティー	¥450
アイスレモンティー	¥470
アイスミルクティー	¥470
アイスストレートティー	¥470
お伊勢さんの和紅茶「温」ホット	¥550
お伊勢さんの和紅茶「温」アイス	¥550

山食パン フワフワ、モチモチ。コメダの山食パン

焼いても、そのままでも美味しい「コメダ特製 山食パン」を気軽にご自宅に。

- 3枚切り ¥340
- 5枚切り ¥320
- 1本売り ¥870

코메다커피의 다양한 메뉴들

입구 앞에 신문과 잡지를 잔뜩 갖다놓았다. 스포츠지에서 종합지, 여성 잡지 등 10가지가 넘는다. 이 역시 고령층을 끌어당기기 위한 소품으로 볼 수 있다.

사실 킷사텐은 한국의 다방처럼 2000년대 초까지 구닥다리 취급을 받았다. 일본 총무성 통계에 따르면, 따르면 1981년 15만 4,000여 곳이던 킷사텐은 2016년 6만 7,000여 곳으로 60% 가까이 줄었다. 스타벅스와 블루보틀 등의 유명 커피 체인이 위세를 떨치고 편의점과 패스트푸드 체인 등 이종 업종까지 커피 시장에 뛰어든 탓이다. 이런 상황에서 코메다커피는 일본에서 주춤하던 킷사텐 붐을 다시 일으켰다. 이제는 대부분의 식당에선 사라진 식품 모형도 입구 한편에서 손님들을 반긴다.

어렸을 적 엄마 손에 이끌려 백화점 식당에 갔을 때의 추억을 떠올리는 소도구 중 하나다. 주문도 다른 프랜차이즈 커피 체인점처럼 카운터 벽에 걸린 암호 같은 영어 메뉴를 노려보며 주문하는 게 아니라, 옛날 다방처럼 테이블에서 직원이 다가와 주문을 받는다. 물론 커피와 음료도 직접 갖다 준다.

무엇보다 음식 메뉴가 고령층의 눈높이에 맞춰져 있다. 시그니처(간판) 메뉴라 할 수 있는 '모닝세트'는 복잡하게 써 있는 메뉴판을 둘러보며 고민할 필요 없다. 블랙커피에 서비스로 갓 구운 토스트, 노릇노릇한 삶은 계란 1알이 나온다. 토스트 종

류만 고르면 된다. 아침 식사를 챙겨 먹는 비율이 높은 일본에
선 이 간단한 메뉴가 맘에 들어 코메다커피 단골로 유입되는
비율이 높다.

커피가 익숙지 않다면 미소시루(일본식 된장국) 등 일본식 메뉴
도 갖춰져 있다. 이 역시 고령층을 겨냥한 전략이다.

창업자가 개발해 지금도 판매 중인 돈가스 빵 등은 추억을
떠올리게 하는 음식이다. 대용량 커피 명칭도 보통 커피 전문점
이 '그란데(Grande)'처럼 영어식으로 일관하는 것과 달리 '닷푸
리(たっぷり·듬뿍)'라는 일본식 이름을 붙였다.

고령층이 즐겨 찾는다고 해서 단지 그들만 거기 머무르진 않
는다. 평일에는 유모차를 끌고 온 주부부터 직장인들까지 다양
한 연령대 고객들이 옹기종기 앉아 있는 모습이 눈에 띈다. 유
모차를 끌고 온다니? 일본 같이 밀집도가 높은 나라에서? 그런
데 코메다커피의 전략이 여기에도 스며들어 있다. 코메다커피
는 매장 안팎이 웅장한 외관과 더불어 널찍한 주차장을 갖도
록 했다. 고령층이 드나들기 쉽도록 주차장을 크게 만들었다.
그래야 편안함을 느끼고 다시 찾는다고 봤다. 결국 코메다커피
매장은 땅값이 비싼 곳을 피해 주차장 부지 확보가 쉬운 교외
형 점포로 짓는다.

그래서 주부들이 유모차를 끌고 들어와도 될 정도로 매장이

크다. 도쿄에서도 긴자, 오모테산도, 메구로 등 땅값 비싼 곳엔 점포가 거의 없고, 대부분 도심 외곽에 자리를 잡고 있다.

일본판 베이비붐 세대인 '단카이 세대(団塊の世代 1947~1949년생)'가 주요 타깃층이지만 팬층은 연령대를 오가며 두텁다. 코메다커피 고객의 연령 구성은 20대 이하가 27%, 60대 이상이 28%로 청년층과 고령층이 과반을 차지했다. 또 30대 15%, 40대 17%, 50대 14%로 다른 연령층에서도 고른 분포를 보였다.

40~50대를 타깃으로 했는데 뜻밖에도 모든 연령층이 골고루 이용하면서 성장하는 결과가 나타난 것이다. 저가 커피, 셀프 카페가 이미 포화 상태에 이른 상황에서 확실하게 틈새시장을 개척해 낸 셈이다.

코메다커피는 일본 나고야에서 가업으로 곡물 도매점을 운영하던 가토 다로가 1968년 문을 연 개인 카페 '코메다커피점'에서 출발했다.

2020년 기준 점포 개수로는 스타벅스와 도토루에 이어 업계 3위이다. 그러나 성장세는 무섭다. 2017년 리서치 업체 데이코쿠 데이터뱅크 조사에 따르면 코메다커피는 일본 카페 업체 1,180사 중 매출 증가율 1위를 기록했다. 2008년 300곳이었던 매장도 10년 만에 3배 가까이 늘었다. 2016년부턴 해외로 영역을 넓혔다. 현재 중국 상하이(4곳)와 대만(3곳)에 매장을 갖췄다.

다양한 연령층이 즐겨 찾는 코메다커피 내부 모습

코메다커피에서 고객들을 관찰하던 중 궁금증을 자아내는 광경 중 하나는 대부분 몇 시간씩 자리에 앉아 있다는 점이다. 회전율이 높아야 높은 수익을 올리는 것이 기본 공식인데도, 코메다커피는 영업이익률이 꽤 높은 편이다. 2015~2019년 4년간 평균 영업이익률은 27.3%, 스타벅스와 맥도널드 등 경쟁 프랜차이즈업계의 평균 실적(8~9%)을 웃돈다.

비결은 코메다커피만의 독특한 프랜차이즈 운영 방식에 있다. 보통 프랜차이즈 본사는 상품 개발과 브랜드 전략을 담당하는 대신 현장을 담당하는 가맹점 오너가 벌어들이는 수익을 로열티로 부과한다.

프랜차이즈 본사 수익의 대부분은 로열티다. 하지만 코메다커피의 로열티 수입은 전체 매출의 20%를 밑돈다. 로열티 지불 방식이 조금 독특하다. 점포 매출액의 일정 비율을 로열티로 매기는 업계 관행을 깨고 로열티 정액제를 도입했다. 산정 방식은 매장의 테이블당 1,500엔이다. 매출이 늘어도 매장 테이블을 늘리지 않는 이상 매달 지불하는 로열티는 일정하다. 2018년 로열티와 임대료 수입은 18%에 불과했다. 이 덕분에 점주는 매출을 높일수록 더 큰 수익을 벌 수 있고, 본사는 불확실성을 걷어내고 일정 고정 수익을 얻을 수 있다. 로열티를 낮춘 대신 커피와 빵 등 카페에서 팔리는 음식의 도매 판매에 집중해 수익을 키웠다. 2018년 음식 제조·도매에서 나온 수익은 69%를 차지했다. 매장의 매출이 높아지면 그만큼 본사의 커피·빵 도매 판매도 늘어나기에 일석이조다. 비용 절감을 위해 커피와 빵의 제조를 식품 회사에 위탁하지 않고 자사 공장에서 직접 제조한다. 커피도 매장에서 주문을 받자마자 직접 추출하지 않고 공장 추출 방식을 도입했다. 자사 공장에서 뽑은 커피는 원두나 분말 형태 반(半)제품보다 가맹 매장에 더 비싼 가격에 팔 수 있어 부가가치가 높다. 모닝 무료 서비스로 제공하는 토스트 빵도 최고 등급 밀가루인 '특등분'으로 만든다. 빵 제조 노하우를 살려 지난 2017년 빵 전문 브랜드인 '쿠페빵'을 설립해 매장을 12곳으로 확대했다. 쿠페빵은 기다란 빵 사이에 잼이나 팥, 소시지 등을 채워 넣은 빵이다.

코메다커피는 공장에서 각 매장까지 커피와 음식을 직접 운송한다. 유통비용과 중간 업체의 이윤을 줄이기 위해서다. 무엇보다 점주의 재량권을 마음껏 부여한 것도 성공 비결로 꼽힌다. 본부가 두꺼운 매뉴얼 책자를 만들어 배포하지 않는다. 대신 각 지역 사정에 밝은 점주들에게 재량을 마음껏 부여했다. 그러다보니 각 매장이 안정감을 주는 느낌은 동일하지만, 매장 분위기는 지역마다 천차만별이다. 예를 들어, 고객 취향을 반영해 한 메뉴에 주문 패턴을 20가지 마련한 매장도 있고, 지역

특산품을 판매하는 매장도 있다. 가격 자율권도 부여한다. 코메다커피 본사는 커피 가격을 중부 지역은 420엔, 그 외 지역은 440엔 등으로 최저 가격만 정해두고 나머지 운영 방식은 점포 점주의 재량에 맡겼다. 각 지역마다 물가 체감율도 다르고 취향도 제각각이기 때문이다.

시니어 친화형 제품
노인용 기저귀로 도약하는 헝안그룹

푸젠헝안그룹유한공사(福建恒安·이하 헝안그룹)는 고향 친구 사이인 스원보(현 회장)와 쉬롄제(현 사장)가 1985년 의기투합해 만든 생활용품 회사다. 주로 휴지나 아동·노인 기저귀, 여성 생리대를 주력으로 생산하는데 이 분야 중국 내 최강자로 꼽힌다. 직원이 4만 1,000명이고 중국 전역 14개 도시에 40여 개 생산 법인을 갖추고 있다. 1998년 홍콩 증시에 상장하면서 성장에 날개를 달았다는 평가도 받는다. 중국 기업 가운데 처음으로 여성 생리대 생산을 시작해 이후 아동 기저귀, 노인 기저귀, 휴지 순으로 사업을 확장했다.

창업주인 스원보는 1950년 푸젠성 취안저우(泉州)에서 태어났다. 1980년대 기성복 사업에 먼저 뛰어들었다가 실패한 뒤 친구인 쉬렌제와 함께 여성 생리대 시장에서 기회를 엿보기 위해 헝안그룹을 설립했다. 1980년대만 해도 중국 생리대 시장은 국영기업이 독점하고 있었다. 국영기업을 상대로 경쟁해야 하는 어려움이 있었지만, 스원보는 제품 퀄리티만 좋으면 승산이 있을 것이라고 생각해 개의치 않고 뛰어들었다. 공장을 세우는 데 초기 투자가 많이 필요했는데, 주변 도움으로 136만 위안(약 2억 3,000만 원)을 마련해 공장을 세웠다고 한다.

헝안그룹의 첫 생리대 브랜드는 '안러(安樂)'였다. 이 안러가 푸젠성에서 인기를 얻자 2년 뒤인 1987년 상하이 시장에 진출했고, 1995년에는 푸젠 지방 정부가 지정한 '푸젠 명품 브랜드'에 선정되기도 했다. 안러 시리즈는 이후 2002~2003년 중국 국가질량감독검험검역총국으로부터 '검사 면제 제품'으로 선정되는 성과를 이뤘다. 기저귀 신제품 등을 출시할 때 당국 검사를 받지 않아도 될 정도로 위생과 품질이 우수하다는 평가를 받은 셈이다. 2005년 화장지 브랜드 '신상인(心相印)' 역시 질검총국이 선정한 '중국 명품'으로 뽑히기도 했다. 이 화장지 신상인은 겉표지에 하트가 그려져 있다. 중국에서 이 화장지를 한

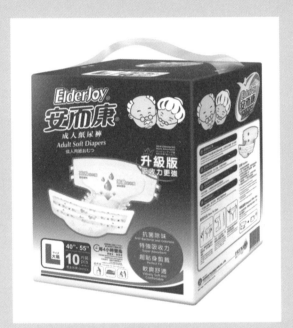

헝안그룹의 성인용 기저귀 안얼캉

번도 써보지 않은 사람이 없을 정도로 대중적인 브랜드다. 더불어 유아용 기저귀 브랜드 '러우잉(柔影)' 역시 중국 내에서 P&G 같은 다국적기업보다 브랜드와 지명도 부분에서 앞선다는 분석이다.

생리대·화장지 사업에서 성공한 헝안그룹은 1996년 1억 위안(약 170억 원)을 투자해 기저귀 생산을 시작했다. 중국 본토 기업 중 최초 기저귀 생산은 아니지만 당시 신사업 초기 투자 규모로는 적잖은 금액이라 업계에서 상당히 주시했다. 섣불리 뛰어들다간 실패할 수도 있는 영역이라 조심스럽게 바라본 기업들이 많았지만, 헝안그룹은 과감했다. 이미 생리대 사업에서 성공을 본 만큼 기저귀 생산에도 자신이 있었던 것. 초기에는 수요가 가장 많은 아동용 기저귀 '안얼러(安尔乐)'로 시작했다. 아동 기저귀로도 성공을 거두자 고령화 시대에 대비하는 사업으로 확장했다. 중국도 저출산이 심화하고 극심한 인구 고령화 시대에 접어들면서, 자연스레 유아용 기저귀 수요가 줄고 성인용 기저귀 시장이 확대될 가능성이 컸다. 65세 인구가 총인구에서 차지하는 비중은 2019년 12.6%를 차지했다. 헝안그룹은 1999년 중국 업체 가운데 처음으로 노인용 기저귀 사업을 시작해 '안얼캉(安而康·Elderjoy)' 브랜드를 출범시켰다. 안얼캉은 '편안하고 건강하다'는 뜻이다.

처음 성인용 기저귀 생산을 결정하면서 제품 출시 2년 전인 1997년 이탈리아에서 성인용 기저귀 설비를 도입했고, 정식 판매는 2000년부터 시작했다. 다양한 요실금 기저귀 제품군을 내놓으며 시장 다각화에 나섰고, 이후 3년 동안 제품에 대한 시장 반응을 조사한 뒤, 2003년 모든 장점을 한데 모은 '표준형' 제품을 선보였다. 안얼캉 제품은 출시 5년 만에 중국 전역에 보급된 '국민 성인 기저귀' 브랜드로 자리 잡았다. 이를 바탕으로 중국 전역에 지점이 있는 대형 마트 까르푸와 월마트 등에도 입점했고, 2008년 중국이 우주선 선저우 7호를 발사할 때도 헝안그룹 성인용 기저귀가 우주 비행사용 기저귀로 선정됐다. 우주비행사들은 우주선을 타고 국제우주 정거장까지 가는 동안 기저귀로 생리 현상을 해결해야 했다. 배설량을 줄이기 위해 발사전날부터 금식하고, 우주선에 탑승하기 직전 화장실도 미리 다녀온다. 중국항공우주재단은 2008년 9월 선저우 7호를 발사하면서 우주 비행사들이 사용할 기저귀로 헝안그룹의 제품을 사용했으며, '중국 우주 전용 제품', '중국 선저우(神舟) 전용 제품'으로 홍보 효과를 톡톡히 누렸다.

이제 20년 넘게 노인용 기저귀 사업에 종사한 헝안그룹은 생산뿐 아니라 노인 관련 행사, 자사 노인용 기저귀 홍보 행사도 많이 주최하고 있다. 노인용 기저귀를 아동용 기저귀의 '곁가지' 정도로 보는 중국 타사 생산 업체와는 다른 행보다. 아동과 노인용 기저귀 브랜드를 완전히 분리하고 홍보도 따로 한다. 고령화 시대 흐름에 맞는 홍보, 브랜드 이미지 메이킹 덕분에 안얼캉이 20년 넘게 시장에 살아남은 비법이라는 평가가 나온다.

지역 노인 주민들을 대상으로 잔치와 축제도 자주 주최한다. 2007년 12월 상하이시노인위원회, 상하이노인대학과 공동으로 대규모 공익 행사를 개최하고, 사람, 건강, 효(孝)를 주제로 한 공연은 사회 각계에 알려지며 호평을 받았다. 2008년 9월엔 베이징올림픽 체조 금메달리스트인 쩌우카이와 함께 베이징 노인 병원을 방문해 한가위 경로잔치를 개최했다. 이 밖에도 시안, 톈진, 충칭, 우한 등 중국 전역을 돌며 행사를 지속적으로 진행하고 있다.

최근에 가장 크게 연 행사는 지난 2019년이다. '趁现在, 敢说爱(지금을 소중히 여기고 용기를 내 사랑을 표현하라)'라는 주제로 마카오, 충칭, 난징 등 도시에서 중국 어머니의 날 행사를 대대적으로 진행한 것이다. 어버이날에 중국 소셜미디어 '더우인(抖音)'을 홍보에 활용하면서 자사 노인용 기저귀를 사용하는 할머니와 함께 춤을 추는 영상, 해시태그 #我们正阳光(우리는 햇빛처럼 밝다 we are still young, 우린 아직 젊다)를 올리는 이벤트도 진행했다.

헝안그룹은 단순히 노인용 기저귀를 생산하는 것을 넘어 중

헝안그룹 유아용 기저귀 '안얼러'를 둘러보는 소비자들

국 국민들이 고령화 시대, 요실금 등을 자연스럽게 받아들이는 데 힘쓰고 있다는 평가를 받는다. 또 노인용 기저귀를 사용하는 것을 부끄러워하지 않는 사회적 분위기 형성에도 크게 기여하고 있다. 덕분에 헝안그룹의 노인용 기저귀 사업 매출은 2019년 기준 1억 2,253억 위안으로 집계됐다. 자사 전체 기저귀류 매출의 약 15.5%를 차지하고 있으며, 2018년 11.4%에서 4.1% 늘어 매년 증가 추세다.

요실금은 노인들에게서 흔히 관찰되는 질병 중 하나다. 이미 20세기부터 세계적으로 5대 만성질환 가운데 하나로 여겨져왔는데 중국에선 노인들 사이에서 요실금은 부끄러움의 대명사이며, '치명적이지 않지만 사교 생활에 암 같은 존재'로 불려왔다. 요실금 발병이 사회 활동에 미치는 악영향은 경제 발전과 인구 고령화 현상이 뚜렷해지면서 점점 심각한 문제로 대두되고 있다. 하지만 요실금을 앓고 있는 이 스스로가 부끄럽게 여겨 사회적으로 '숨겨야 하는 병'으로 인식돼 있다.

요실금은 특히 출산을 경험한 여성과 노인에게 발병률이 높다. 헝안그룹은 설문 조사를 인용하며 "상하이에 사는 40세 이상 성인 여성의 33.8%가 요실금을 앓고 있고, 연령이 높을수록 발병률이 높다"고 설명한다. 요실금을 앓는 사람은 자신감이 떨어지고 외출을 꺼리며 사교 활동을 거부하는 등 심신 건강과 삶의 질에 심각한 영향을 미치는 만큼 성인용 기저귀 사용이 시급하다고 홍보한 것이다. 헝안그룹은 이런 점에 착안해 봉사단을 꾸려 전국 요양원을 방문하면서 홍보에 나섰다. 한 번은 "안얼캉이 진심을 담아 광저우에 갑니다"라는 홍보 문구와 함께 광저우에 있는 요양원 20여 곳을 방문해 기저귀를 기증하고 대규모 의료진과 함께 건강검진을 서비스했다. 이후 끊임없이 노인복지센터와 요양병원 등을 돌며 건강검진과 기저귀 증정 봉사 활동을 펼쳤다. 이 과정에서 요실금이 의심되면 무조건 '안얼캉 기저귀를 사용해야 한다'는 국민적 인식이 생기기 시작했다.

중국 첸즈산업연구원에 따르면 2019년 중국 성인용 기저귀 시장점유율은 헝안그룹이 12%로 1위를 차지하고 있고, 다음은 항저우 COCO로 11%이며, 3위는 Essity로 10%다. 또 생리대나 기저귀 같은 용품은 비대면 구매를 원하는 소비자가 많아 온라인 소비가 두드러지는 품목 가운데 하나다. 2019년 1분기에 전자상거래 플랫폼을 통한 기저귀 매출액은 48억 1,000만 위안으로 전년 대비 12.6% 증가했다. 중국 기업정보포털센터데이터(CIIIC)에 따르면 6년 연속 성인용 기저귀 판매 1위를 기록했다. 시장점유율로 살펴보면 아직 성인용 기저귀는 영아용 기저귀보다 시장점유율이 낮지만 고령화가 빠르게 진행되고 성인용 기저귀를 써야 한다는 인식이 확산함에 따라 성인용 기저귀 시장이 향후 유아용 기저귀 시장을 누르고 주류로 성장할 가능성이 크다.

헝안그룹은 2011년 제품군을 재정비하며 '올인원 케어 하룻밤 안심' 제품을 내놓았다. 밤새 수면을 취하는 노인들이 화장실이 가고 싶은 생각에 잠에서 깨는 것에 착안해 만든 제품이다. 코튼패드를 사용해 장시간 착용해도 사용감이 보송보송하고, 앞뒤로 새는 것을 방지하기 위해 길이를 더 늘였다. 헝안그룹은 코로나 때도 주목받을 만한 마케팅을 펼쳤다. 코로나 방역 기간, 방호복을 입고 화장실에 갈 수 없는 의료진들을 위해 성인용 기저귀 45만 장을 기증하는 캠페인을 펼친 것이다.

2019년 헝안그룹의 매출은 전년 대비 9.6% 증가한 224억 9,200만 위안(약 3조 9,000억 원)이었으며, 영업이익은 4.6% 증가한 56억 8,000만 위안(약 9,741억 원), 순이익은 2.8% 늘어난 39억 700만 위안(약 6,700억 원)이었다. 상장 이후 지난 20여 년 동안 이 회사가 낸 세금만 300억 위안(약 5조 원)이 넘는다고 한다.

헝안그룹은 2020년 후룬(胡潤)리포트가 꼽은 '2019년 중국 500대 민영기업' 순위에서 120위를 차지했다. 앞으로의 전망도 밝은 편이다. 중국인들의 소득 증가와 인식의 개선으로 생활용품 사용량이 꾸준히 늘고 있고, 반면 일회용 기저귀의 보급률은 중국에서 아직 20%에 불과해 앞으로도 전망이 좋은 산업으로 평가받고 있기 때문이다.

스원보는 별명이 '조용한 기업인'일 정도로 다른 중국 재벌 기업 오너와 달리 외부에 자신이 알려지는 것을 극히 꺼리는 편이다. 하지만 1998년 홍콩 증시에 상장하면서 부호 리스트에 오르는 단골 기업인이 되었고, 세간의 관심을 받기 시작했다. 스원보 회장은 헝안그룹 지분 22%를 보유한 대주주로, 2003년 중국 400대 부호 208위, 신차이푸(新財富) 144위에 이름을 올렸고, 2005년에는 개인 자산 33억 위안(한화 약 5,713억 원), 2006년에는 36억 위안(약 6,150억 원)을 기록했다. 2008년에는 후룬리포트가 꼽은 '중국 100대 부호' 명단에서 91위를 차지했으며, 4년 뒤인 2012년 중국 부호 순위 30위에까지 올랐다.

헝안그룹은 2008년 한국의 새우깡과 같은 과자로 유명한 친친(親親)식품의 지분 51%를 매입해 화제가 된 적도 있다. 일용품 회사가 식품 회사까지 넘본다는 비난을 받기도 했지만, 간식거리를 포함한 현대인의 생활 소비재 종합 그룹이 되겠다며 이런 지적을 반박하고 나섰다.

05

케어 서비스의 진화

시니어를 위한 로봇
선양신송의 로봇 케어

지아바오(家宝)는 중국 로봇 회사 선두주자인 '선양신송(沈阳新松)'이 내놓은 로봇 제품으로 집에서 노인을 보살피는 용도다. 선양신송은 본사가 있는 선양에서 2020년 열린 국제로봇전시회에서 업그레이드된 지아바오를 선보였다. 업그레이드된 지아바오는 음성인식, 안면인식, 음성 명령, 원격 업데이트, 원격 영상통화, 멀티미디어 방송, 자율주행, 자율충전, 원터치, 문서 관리, 클라우드 기반 기능을 탑재했다.

지아바오는 집에서 노인과 함께 살면서 수시로 건강 상태를 모니터링해 혈압이나 심박수에 이상이 감지되면 즉시 병원으로 전화하는 기능이 들어 있다. 또 정기적으로 건강 상태 보고서를 만들어 담당의에게 전달하고, 건강 개선 솔루션도 제공한다. 긴급 상황 발생 시 버튼 하나로 병원 호출이 가능하다. 집에서 무료하게 있을 노인들을 위한 콘텐츠도 내장하고 있다. 서예나 회화, 원예, 요리 방법 등을 안내한다. 멀리 살아서 방문이 어려운 가족들과 화상통화도 할 수 있게 했다.

선양신송은 병원에서 중풍이나 허리 통증 등으로 앉았다 일어서는 움직임이 어려운 노인들을 위한 의료용 로봇 개발에도 박차를 가하고 있다. 대표적인 게 침대와 의자 일체형 로봇이다. 선양신송 의료건강사업부는 병원에서 상주할 수 있는 로봇을 만들기 위해 수년간 의대생들을 지속적으로 영입했다. 의대 졸업생뿐 아니라 기존 개발자 직원들을 선양 시 병원에 수시로 현장학습을 보냈다. 병원에서 거동이 불편한 노인 환자들 애로사항을 개발자들이 직접 눈으로 봐야 더 제대로 된 상품 만들 수 있겠다는 판단에서였다.

그 결과 2017년 선양신송이 공개한 스마트 침대·휠체어(bedchair) 로봇은 말 그대로 침대처럼 만들어졌다. 그런데 이 침대에 누우면 환자가 자기 스스로 몸을 움직이지 않아도 필요한 상황에 맞게 알아서 움직여주는 기능을 탑재했다. 예를 들어

거동이 불편한 환자가 화장실에 가고 싶을 때, 스스로 변형해 침대가 휠체어로 분리되고 환자가 몸을 쓰지 않아도 휠체어에 앉을 수 있어 간병인 없이도 자유롭게 이동할 수 있다는 설명이다. 침대에서 휠체어가 분리되는 데 걸리는 시간은 40초, 환자가 휠체어에 착석하는 데는 2분이면 충분하다. 침대와 휠체어는 레이저 레이더를 이용한 내비게이션 센서로 합체와 분리 과정이 자연스럽게 전환되며, 침대와 휠체어 사이에 잠금 장치가 있어 분리 시 흔들림이 적다고 한다. 또 기기가 스스로 배터리 전류와 전원을 관리하고 소프트웨어를 자동 복구하기 때문에 노인들이 따로 관리할 필요가 없다. 가격은 조금 세다. 현재 전자제품 전문 쇼핑몰인 징동닷컴에서 3만 3,800위안(약 582만 원)에 판매되고 있다.

선양신송은 2000년 4월 로봇 과학자인 취다오쿠이 현 회장이 설립했다. 그가 근무했던 중국과학원 선양자동화연구소가 최대 주주로 지분의 25.27%를 보유하고 있다. 사실상 공기업이라고 해도 무방하다는 얘기다. '신송'이라는 이름은 취다오쿠이 회장이 선양자동화연구소에서 일할 때 스승으로 모신 '중국 로봇의 아버지' 장신쑹(蔣新松) 원사의 이름을 딴 것이다. 당시 중국 정부는 중국 과학기술자의 창업을 독려하고 있는 분위기였으며, 취다오쿠이 역시 이런 분위기를 업고 연구소에 있는 직원

장난스러운 포즈를 취한 선양신송의 직원들과 로봇

30여 명을 데리고 창업에 나섰다.

선양신송 첫 사업 모델은 기존 글로벌 로봇 수리센터(A/S) 역할이었다. 당시 중국은 로봇 제조 강국이었던 일본이나 미국 로봇을 주로 수입해 사용했는데, 고장이 나면 수리할 곳이 많지 않아 기업들이 애를 먹고 있었다. 독자적인 기술이 부족했던 선양신송은 기성 로봇 제품을 수리하면서 직원들이 다양한 로봇을 만져보고 분해하면 구조를 이해하는 데 도움이 될 거라 판단했다. 그 판단은 맞았다. 전 세계 로봇들을 분해하며 감각을 익힌 경험이 나중에 선양신송 기술 경쟁력 발판으로 자리 잡았다.

2013년 중국은 일본을 뛰어넘고 로봇 수출입 분야 세계 1위국이 됐으며, 그 성장세는 계속 이어져 2018년 중국 서비스 로봇 산업 시장 규모가 18억 4,000만 달러로 전년 대비 43.9% 증가했다. 2019년 8월 베이징에서 열린 '국제로봇컨퍼런스'에서는 중국 로봇 산업이 현재 발전 초기 상황이며, 2020년 시장 규모가 40억 달러(4조 5,000억 원)에 이를 것으로 전망한 바 있다. 2018년 중국 서비스 로봇 시장 구조는 가사 지원 로봇이 전체의 27.4%로 가장 큰 비중을 차지하고, 2위는 물류 배송 지원 로봇으로 24.9%, 3위는 오락용 로봇으로 10.3%이었다.

선양신송이 선양을 본거지로 삼은 배경에는 선양 시 지방정부 로봇 산업 개발 기지 계획과 관련이 있다. 2014년 선양 시는 로봇 산업 발전 개발 방안을 발표하고, 선양을 중국 로봇 개발과 제조 중심지로 삼겠다는 계획을 공개했다. 이를 위해 선두 기업 지원을 강화하고, 로봇 관련 프로젝트를 추진하며, 중국을 비롯한 세계시장을 선점하기 위해 아낌없는 지원을 하겠다고 약속하기에 이르렀다. 그 바람을 선양신송이 올라탄 것이다.

2017년 선양 시는 향후 3년 내에 로봇 산업 생산액에 200억 위안(약 34조 원)을 지원하겠다고 선포했다. 핵심 부품 연구와 스마트 공장 건립, 디지털화 된 공장 조성 등에 투자해 2025년까지 중국 내 가정용 로봇 분야를 선점하겠다는 계획을 내놓은 것이다. 또 훈난구, 톄시구, 선베이신구 등 3개 구를 중심으로 로봇 산업 단지를 조성하고, '로봇미래마을', '동방로봇밸리' 등 로봇 전문 창업 인큐베이터를 활발하게 추진해 스타트업 육성에 나섰다. 현재 선양 시에는 신송을 비롯해 제너럴로봇 등 로봇 제조기업 69개 회사가 있으며, 이들은 산업용 로봇, 서비스 로봇, 특수용 로봇 등 다양한 분야에 활용하는 로봇 제품을 생산하고 있다.

선양신송은 100% 독자 개발한 산업용 로봇, 모바일 로봇, 특수 로봇, 서비스 로봇 4개 분야에 100개 모델을 보유하고 있다. 가정용 로봇은 개발은 했지만, 아직 대중화하기에는 가격이 비싸다. 현재 서비스 로봇 1대 가격은 20만 위안(3,331만 2,000원) 선에 달한다. 회사는 단가를 낮추기 위해 연구를 계속하고 있다. 더구나 중국 소비자들의 제품 안목도 높아지고 기대 수준이 올라가면서 서비스 로봇 시장 전망이 매우 밝은 편이라고 자신한다. 여기에 중국 내에서 무섭게 성장하는 IoT(사물인터넷), 인공지능(AI), 가상현실(VR) 등의 기술과 만나 지속적인 성장이 기대된다. 2017년부터는 노인들을 위한 서비스용 로봇을 B2C(기업→소비자) 주력 상품으로 밀고 있다.

선양신송은 선양 시 노인 인구 비율이 23.3%로 매우 높은 것에 착안해 양로(養老) 로봇 개발에 나서기 시작, 2013년 자사 첫 양로 로봇인 지아바오 개발에 성공했다. 선양신송 쉬팡(徐方) CTO(최고기술경영자)는 고령화 시대 로봇의 역할에 특히 관심이 많은 것으로 알려져 있다. 그는 2017년 베이징에서 열린 '글로벌 보조 로봇 핵심 기술과 응용' 포럼에서 '보조 로봇 산업의 나아갈 길'을 주제로 발표했다. 당시 쉬팡 CTO는 "중국의 노인 비율은 12.26%로, 11%인 아시아에 비해 높다"며 "고령화 인구가 이미 2억여 명에 달해 노인 보조 로봇이 고령화 시대에서 역할이 커질 것"이라고 장담했다. "보조 로봇의 응용 영역은 광범위하다"라며 "특히 노인들의 건강 회복, 삶의 질 향상에 큰 도움이 될 수 있다"고 말하기도 했다.

취다오쿠이 회장도 2017년 선양에서 열린 양로서비스박람회

산업용 로봇, 서비스 로봇, 특수용 로봇 등 다양한 분야에 활용되는 로봇 제품들

에서 지아바오를 소개하며 "최근 중국에 노인과 장애인이 늘고 있고, 이들이 앞으로 얼마나 품격 있고 존엄하게 살아갈 수 있는지가 큰 문제다. 노인과 장애인 돌봄 서비스는 피할 수 없는 사회문제이며 이들 분야와 관련된 로봇 시장이 커질 것으로 본다"고 말했다. 전통 양로 방식은 사회 발전과 시민들의 요구 사항에 못 미칠 것이라고 전망해 로봇을 제작하게 됐다는 얘기다.

컨시어지 서비스: 장 보기·말동무·집 청소
아마존·엔보이·포스트메이츠

🧺 　특급 호텔에는 보통 로비 한편에 컨시어지 서비스가 있다. 호텔 시설에 대한 안내뿐 아니라 주변 맛집, 관광지 정보 검색, 공연 티켓이나 교통편 예약까지 도와주는 '나만의 비서' 같은 존재다. 이 컨시어지란 단어는 중세 시대 '성의 방을 밝히는 초를 관리하는 집사'를 의미하는 '리콩트 데시에르지'에서 유래했다. 그만큼 고객의 편의를 돌보는 데 집중하는 존재란 뜻이다. 최근 요양원 같은 시설을 최대한 멀리하고, 되도록 집에서 나이 들기를(aging in place) 원하는 시니어가 늘면서, 컨시어

지 서비스는 미국 가정을 파고들고 있다.

실제로 미국 노인들의 요양원 거주 비중은 점점 낮아지고 있다. 65~69세는 1%에 불과하고, 75~79세는 3%, 85~89세는 11.2%, 90~94세는 19.8% 수준이다.

그러나 자녀와 멀리 떨어져 있을 경우 홀로 남은 부모를 혼자 집에서 살도록 두는 것도 자식 입장에서 마음이 편치 않다. 집에 거주하는 시니어도 여전히 누군가의 도움 없이는 집안일을 혼자 감당하기 어려운 것이 현실이다.

이를 간파한 컨시어지 비즈니스는 미국 시니어 가정을 파고들고 있다. 대표적으로 미국 IT 공룡 '아마존(Amazon)'이 있다. 아마존은 2015년부터 '아마존 홈서비스'를 제공해왔다. 서비스는 매우 다양하고 구체적이다. 예를 들어, 집 청소 항목의 경우 기본 집 청소, 봄맞이 대청소, 카펫 청소, 이사 청소, 창문 청소 등으로 나뉘어져 있다.

가구 등을 조립해주는 서비스도 제공한다. 이 역시 책상, 러닝머신, 침대, 가구, 자전거 등 다양한 항목으로 구분했다. 홈시어터를 설치할 경우, 벽걸이 티브이, 티브이 셋톱박스, 음향기기 등 원하는 서비스만 골라서 받을 수 있다. 배관·컴퓨터·냉장고·자동차 수리, 잔디 깎기 및 화단에 물 주기 등은 기본이다. 만약 원하는 서비스가 목록에 없을 경우에는 전화를 걸어 요

고령화 시대에 발맞추어 다양한 컨시어지 서비스가 미국 가정을 파고들고 있다.

청하면 전문가가 찾아와 해당 서비스를 제공한다. 사실상 원하는 건 뭐든지 해주겠다는 얘기다.

아마존 홈서비스의 강점은 지역 내 서비스 분야별 전문가를 아마존이 직접 선발한다는 점에 있다. 전자기기 수리 등은 자격증 소지 여부를 확인하고, 범죄 사실 등의 이력도 따져서 혹시나 생길 수 있는 사고를 미연에 방지한다. 여기까지 보면 아마존이 단순히 서비스 전문가를 소비자와 연결해주는 플랫폼에 지나지 않는 것 같지만, 아마존은 서비스 과정과 사후 관리까지 모니터링해 소비자가 불만이 있는 경우 이를 철저히 보상해 서비스 만족도를 높였다. 고객은 아마존 홈서비스 홈페이지를 통해 원하는 시간, 비용, 다른 소비자의 리뷰 등을 비교해 온라인으로 서비스를 구매할 수 있다. 마치 아마존 쇼핑몰에서 물건을 사듯이 서비스를 비교하며 구매할 수 있다.

시니어가 굳이 직접 하지 않더라도 자녀 혹은 손주가 서비스를 신청할 수도 있다. 예를 들어, 혼자 사는 부모를 위해 자녀가 아마존 홈서비스에 안전 손잡이나 집 안 경사로 설치 등을 요청하면 아마존이 부모의 거주 지역에 있는 인테리어 전문가를 연결해준다. 자녀들도 아마존의 브랜드를 신뢰하기 때문에 믿고 서비스를 신청할 수 있다.

서비스 비용은 지역의 핸디맨(수리공)을 직접 부르는 것보다 합리적이다. 미국에서는 인건비가 비싸기 때문에 배관 수리를 할 경우, 예상외로 수백만 원이 깨지는 경우도 다반사인데, 아마존은 미리 가격을 협상한 뒤에 전문가를 보내기 때문에 가격으로 실랑이를 벌일 일이 거의 없다.

사실 가성비는 아마존 제품·서비스의 가장 중요한 가치다. 시장을 장악하고 마진을 1%만 남기겠다는 것이 아마존의 철학이기 때문이다.

미국 CNBC는 "아마존은 기존 충성 고객을 기반으로 놀라운 속도로 온디맨드 홈서비스 시장에서 점유율을 넓히고 있다"고 전했다.

하지만 아마존이 컨시어지 시장의 유일한 플레이어는 아니다. 2012년 미국 샌프란시스코에서 출범한 '엔보이(Envoy)'는 좀 더 시니어에 집중한 '시니어 맞춤형 컨시어지' 서비스다. 집안일 외에 시니어가 특별히 요구할 만한 세심한 배려에 초점을 맞췄다. 시니어가 자신이 원하는 슈퍼마켓에 있는 식료품을 사다주는 것뿐만 아니라, 약국에 들러 약을 받아 오는 것, 의사에게 데려다주는 일, 머리 손질을 위한 미용실 방문, 집수리 및 청소, 외로움을 달래주는 게임 함께하기, 건강을 위한 동네 산책 등 전문적인 일꾼보다는 가까운 곳에 사는 손주의 역할을 대신하는 서비스를 제공한다.

기존 컨시어지 비즈니스와 달리 서비스 요청 방법도 다양하다. 컴퓨터나 스마트폰과 같은 IT 기기뿐만 아니라 집에서 사용하는 일반 전화 또는 폴더폰으로도 컨시어지 서비스를 요청할 수 있다. 스마트폰이 없거나 IT 기기 사용이 답답한 시니어를 배려한 결과다. 사용자는 최소 1~2시간이 걸리는 심부름이나 간단한 요구를 할 수 있다.

시니어가 자신이 거주하는 지역 내 여러 상점에서 식료품 및 의약품, 기타 필요 상품 구매를 요구하면 집 주변 16km 내의 상점들을 방문, 직접 구매해 전달해준다. 몸이 불편해 다양한 제품 및 의약품 구매가 어려웠던 시니어, 집 앞을 산책하러 나가고 싶어도 망설였던 시니어, 1~2시간 동안 함께 말동무할 대상이 필요했던 시니어가 이젠 자신이 원하는 것을 컨시어지 서비스를 통해 구할 수 있게 됐다.

엔보이 컨시어지 서비스를 제공하는 엔보이 헬퍼는 범죄 사실 등의 신상 검증을 거쳐 최종 선발되며, 유니폼을 입고 서비스를 제공한다. 이들은 응급처치에 대한 교육을 기본적으로 받아야 한다. 이들은 시간당 최소 25달러, 약 2만 8,000원 이상의 시급을 받고 있다. 엔보이는 2018년 현재 미국 내 7개 주 17개 대도시를 중심으로 비즈니스를 하고 있으며, 소비자가 지불하는 시간당 비용은 12~30달러(약 1만 4,000원~3만 4,000원) 정도다.

소비자가 원하는 모든 것을 배달하는 포스트메이츠 서비스

모든 비용은 온라인으로 지불되기 때문에 시니어와 엔보이 헬퍼 간의 현금 거래는 발생하지 않는다.

엔보이의 컨시어지 서비스는 집에서 거주하는 시니어 중 가끔 집안일에 도움이 필요한 시니어 및 그 가족들을 타깃으로 하고 있다. 엔보이는 지역 푸드 뱅크 및 비영리단체에 매년 이익의 1%와 직원 시간의 1%를 기부하고 있어 지역사회 내 좋은 평판을 쌓아가고 있다.

마지막으로 소개할 컨시어지 회사는 '배송'에 특화된 컨시어지다. 1시간 내로 모든 것을 배달하는 점을 슬로건으로 삼는 '포스트메이츠(Postmates)'는 2011년 샌프란시스코에서 시작됐다. 이 회사는 연매출 10억 달러에 직원이 5,300명에 달할 정도로 실리콘밸리에서 주목받고 있는 스타트업이다. 최근 아마존과 컨시어지 비즈니스 시장에서 겨룰 만큼 빠르게 성장하고 있다. 2016년 6억 달러였던 기업 가치가 2018년 12억 달러로 2년 사이 2배 증가했다.

2018년 10월엔 134개 도시를 서비스 대상에 추가함으로써 미국 전체 도시의 60%에 해당하는 총 550개 도시에 배달 컨시어지 서비스를 제공하고 있다. 포스트메이츠의 2017년 기준 한 달 평균 매출은 300만 달러에 이르고 있다.

포스트메이츠가 일반 배달 서비스와 구별되는 것은 단순히 음식만을 배달하는 것이 아니라 지역 내 상점에서 파는 가정용품, 개인 요양 용품, 문구류, 의약품 등 배달 가능한 모든 것을 최대 1시간 내 배달한다는 것이다. 혼자 사는 중·고령층뿐만 아니라 최근 증가하고 있는 1인 가구 소비자에게 필요한 물품 배달 서비스를 제공하고 있다.

포스트메이츠는 소비자가 원하면 늦은 저녁이나 새벽에도 타이레놀과 같은 상비약을 24시간 편의점에서 구매해준다. 자녀가 혼자 사는 부모 집으로 간단한 음식과 식료품을 배달시킬 수도 있다. 시니어처럼 급하게 약품이나 물건이 필요한 사람에게는 매우 유용한 서비스이다.

사용자는 모든 주문에 대해 9%의 서비스 수수료를 지불하며, 배송료는 4.99달러부터 시작한다. 배송료는 배달 거리에 비례하여 책정된다. 사용자는 주문당 배송료를 지불하는 대신 월 9.99달러, 또는 1년에 96달러를 내면 무제한 배달 서비스를 받을 수 있는데, 2018년 사용자가 2017년에 비해 300% 증가했으며, 고객 2명 중 1명은 무제한 서비스 가입자로 되어 있다.

포스트메이츠의 배달 서비스 참여자는 '플리트(Fleet)'라고 한다. 플리트는 온라인을 통해 등록하며, 신상 검증 등 소정의 절차를 밟아 선정되면 자신이 원하는 시간에 자유롭게 활동할 수 있다. 플리트는 주급 형태로 수입을 올리며, 고객으로부터 팁도 받는다.

2018년 현재 약 2만 5,000명의 플리트가 자동차, 자전거, 오토바이 등 다양한 운송 수단을 가지고 배달에 참여하고 있다. 미국 젊은이들 사이에선 포스트메이츠는 새로운 아르바이트 일자리로도 인기를 얻고 있다.

방문 케어 서비스
네덜란드 간병 기업 뷔르트조르흐

　　2020년 한국의 65세 이상 노인 무연고 사망자 수는 1,298명이었다. 무연고 사망자는 사망자의 가족 등을 찾지 못하거나, 유가족이 시신 인수를 거부한 사망자를 말한다. 가족 등 주변인들과 관계가 단절된 채 혼자 살다가 아무도 모르게 생을 마감하고, 오랫동안 시신이 방치되기도 하는 노인들이 국내에서도 급증하는 추세다. 65세 이상 무연고 사망자는 2016년 735명이었다. 4년 새 50% 넘게 늘어난 것이다. 보건복지부에 따르면, 혼자 사는 65세 이상 노인 수는 2016년 128만 명에서

2021년 159만 명으로 늘었다. 5년 동안 24.6%나 증가한 것이다.

네덜란드의 히든 챔피언(강소기업)으로 꼽히는 '뷔르트조르흐(Buurtzorg)'는 병원에 가기 힘든 만성질환·장기질환 고령층을 대상으로 방문 케어 서비스를 제공하는 회사다.

네덜란드는 1990년대 말부터 고령층 의료 서비스 문제가 심각해졌다. 공공 의료 서비스만으로는 만성질환, 장기질환 등 오랜 기간 타인의 도움이 필요한 환자에게 충분한 도움을 줄 수 없었기 때문이다. 1980년대까지는 네덜란드의 상당수 환자들이 지역사회의 보건 의료 서비스에 의존하는 경우가 많았다. 1990년대 말부터 공공 의료의 질이 떨어지기 시작했다는 지적이 잇따랐다. 의료·보건 기관 행정 서비스가 관료적으로 변하고, 고령화에 따른 사회보장비 급증으로 정부가 재정난을 겪으면서 곳곳에서 예산이 삭감됐기 때문이다.

이러한 복합적인 요인으로 네덜란드의 공공 의료 시스템은 관료주의적이고 과업 지향적(task-oriented)으로 바뀌었다. 현장의 목소리는 무시됐고, 환자에게 어떤 케어를 제공할지가 환자의 상태가 아닌 상부 기관에서 정해준 KPI(Key Performance Index)에 좌지우지됐다. 업무만 과중하게 늘어나 번 아웃을 호소하는 간호사가 늘어나는 바람에 병가(病暇)율이 한때 10.4%까지 치솟았다. 보람 없이 업무만 폭증하는 일터에 염증을 느

뷔르트조르흐의 창업자 요스 드 블록

낀 많은 간호사가 일을 그만뒀다.

요스 드 블록(Jose de block)도 그중 한 명이었다. 그래서 그는 세 명의 간호사 동료들과 다니던 병원을 그만두고, 환자들이 병원에 가지 않고 질 좋은 서비스를 받을 수 있는 방법을 연구했다.

이들이 2006년 세운 뷔르트조르흐는 네덜란드의 대표적인 히든 챔피언(hidden champion·강소기업)으로 꼽히는 회사다. 방문 진료 시장을 극적으로 개척해 설립 12년 만에 방문 진료 시장의 절반을 차지할 정도로 급성장했다. 뷔르트조르흐의 고객은 만성질환, 기능성 장애를 안고 있는 환자, 복수 질환자, 말기 암 환자, 치매 환자, 퇴원 후에도 완전히 회복하지 못한 환자 등 병원에 가지 못하거나 병원에서 케어해주기 힘든 만성·장기질환자가 주요 고객이다.

뷔르트조르흐의 가장 큰 특징은 전문성을 갖춘 3~4명의 간호사가 팀을 이뤄 전담 환자를 맡아 주기적으로 고객의 상태를 파악해준다는 점이다. 매번 다른 간호사들이 번갈아가며 환자의 상태를 돌봐주는 것이 아니라, 전담 간호사가 오랜 기간 환자의 상태를 파악한다. 환자에게 긴급한 상황이 발생할 땐 전담 간호사들이 상사나 의사의 지시 없이도 현장에서 '반드시 해야 할 것'을 파악한다. 어떤 케어를 할지도 간호사가 결정한다. 통증 관리, 치료 등 기본적인 의료 서비스뿐 아니라 샤워, 산책 등 일상생활에서 필요한 일을 돕는 것도 주요 서비스 중 하나다. 이러한 과정이 환자 스스로 자신의 건강을 돌볼 수 있는 역량을 키워주기 때문에 병을 예방하고 치료 기간을 줄일 수 있다는 게 뷔르트조르흐의 설명이다. 현지 설문 조사 결과에 따르면, 뷔르트조르흐의 서비스를 받는 환자의 만족도는 10점 만점에 9.1점으로 전국 평균보다 30%가량 높은 수준이다.

이처럼 간호사가 현장에서 즉시 판단을 내리는 것이 뷔르트조르흐의 성장 비결이라고 블록 대표는 말한다. 그 역시 간호사로서 10년 동안 일하면서 현장에서 간호 서비스의 질을 높이고 비용을 줄일 여럿 방법을 몸으로 익혔다. 이를 현장에서 썩히지 않고 그 즉시 활용해야 한다는 게 블록 대표의 생각이었다. 그래서 회사를 세울 때에도 세 가지 목표를 세웠다. 첫째 '더 나은 간호(better care)', 둘째 '더 나은 업무(better work)', 그리고 셋째 '비용 절감(lower cost)'이었다. 회사 창업 당시에 으리으리한 사업 계획서를 만든 것은 아니지만, 이 세 가지 목표를 달성하는 게 중요하다고 생각했다.

이를 현장에서 실제로 실천하기 위해 고안해낸 방법이 '리더 없는 조직'이었다. 블록 대표 스스로 관료주의의 지긋지긋한 폐해를 몸소 체험했던 터라 위계질서를 완전히 없애고, 간호사들에게 완전 자율 재량권을 부여했다. 약 12명의 간호사와 직원으로 구성된 약 1,500여 개 팀이 팀장이나 매니저의 지휘 없이 각자 독립적으로 활동한다. 예컨대, 간호사가 환자와 함께 공원에 개 산책을 나갈지, 같이 동네에서 생일 파티를 열지, 어떤 케어를 해줄지 모두 간호사가 판단을 내린다.

간호사들이 그 어느 직장보다 높은 자율 권한을 갖게 되자, 더 효율적이고 나은 케어 서비스를 제공하려 간호사들 스스로 지식 인트라넷도 만들었다. 각 팀이 현장에서 체득한 케어 노하우와 지역 사회의 정보, 의료·보건계 트렌드, 고객 특성 등을 인트라넷에서 서로 공유하고 머리를 맞대어 더 좋은 방법을 고민한다. 이러한 조직 체계는 특히 젊은 간호사들에게 큰 호응을 얻었다. 밀레니얼 세대 지식 노동자들은 조직에서 내가 성장할 수 있다는 100%의 확신을 원하기 때문이다. 조직의 혁신과 개인의 뜻이 거의 일치하기에, 끊임없이 스스로 조직 혁신에 헌신하게 된다는 것이다.

많은 전문가들이 뷔르트조르흐 사업 모델의 지속 가능성에 의구심을 품었다. 고등교육을 받은 간호사 전문 집단인 조직 구조가 생소했던 데다, 이들의 연봉 수준이 높은 편이라 이들이 주축이 되면 수익성이 떨어져 조직을 지탱할 수익 구조를 만들기가 어렵다는 의견이었다. 그러나 블록 대표는 '리더 없는 조

'리더 없는 조직 체계'로 큰 호평을 받는 뷔르트조르흐

직'과 대학에서 훈련을 거친 간호사들의 전문성이야말로 조직을 오랜 기간 지탱할 주요 동력이라고 봤다. 블록 대표에 따르면, 1만 명이 넘는 간호사 중 절반 이상이 대학을 졸업한 전문 간호사다.

'리더 없는 조직'의 또 다른 장점은 관리 비용을 확 낮출 수 있다는 점이다. 억대 연봉을 줘야 하는 관리직이 거의 존재하지 않는다. 각종 비용을 줄여 간접 비용(행정 비용, 사무실 임대료 등)이 전체 비용의 8%에 불과하다. 동종업계 비슷한 간호 케어 회사들의 간접 비용이 평균 25%인 것과 비교해볼 때 절반 이상 낮은 수준이다.

이렇게 아낀 비용은 고객·환자들에게 더 좋은 케어 서비스를 제공하는 데 쓰인다. 간접 비용을 확 낮춰도 이 회사의 영업 이익률은 약 5%대를 유지 중이다. 다만, 국내시장만으로는 성장에 한계가 있다보니 이 사업 모델을 해외에 수출해 성장을 꾀하고 있다. 2017년엔 고령화 대국인 일본에 진출해 현지 복지 법인과 제휴를 맺고 노하우를 전수해주는 방식으로 사업을 벌이고 있다.

그렇다고 본사가 아예 없는 것은 아니다. 수십 명의 '코치'가 간호사들의 의사 결정 과정을 보조한다. 코치 한 명당 보통 40개의 팀을 담당한다고 한다. 또한 약 50여 명의 IT 백오피스 직원들이 현장 간호사 직원들의 케어 요금 청구, 재무 상태 표 작성, 월급 지급 등의 업무를 처리해준다. 간호사들이 현장에서 케어 업무에 집중할 수 있게 위해서다.

이와 관련, 블록 대표는 2018년 "우리는 간호사들을 '행정 업무'에서 해방시키고 현장 업무에 집중할 수 있도록 했다"며 "IT 시스템·포털을 만들어 간호사들이 손쉽게 행정 업무를 처리할 수 있게 했던 것도 주효했다"고 말했다. 블록 대표가 언급한 이 IT 포털에는 담당하는 고객 수, 고객 만족도, 케어 관련 정보, 환자의 건강 상태 등이 담겨 있어 어디서든 손쉽게 행정 업무를 볼 수 있도록 했다.

관료주의가 아닌 수평적인 조직·문화 속에서 간호사 한 명한 명이 주체적으로 일해 '보람차다'는 입소문을 타자 훌륭한 인재도 몰렸다. 뷔르트조르흐에서 일해보니 좋은 동료, 근무시간 등 업무 환경이 좋다는 소문이 주변 간호사들에게 전파됐고, 각양 각지에서 능력자들이 모였다. 뷔르트조르흐는 2010년부터 2016년까지 5년 연속 '네덜란드에서 가장 일하기 좋은 회사'에 이름을 올렸다.

"모두(冒頭) 발언에 뒤이은 말이었다, 에서 '冒頭'라고 한자를 병기해줘 너무 좋았다."

얼마 전 한 독자가 이런 의견을 남겼다. 지면에 실린 글 한자(漢子)까지 꼼꼼히 살펴 피드백을 준 것이다. 모두가 신문을 인터넷으로 읽는다는 2020년대. 종이 신문 독자 센터만큼 고령층의 VOC(Voice of Customers)와 그 세대 시대정신을 생생하게 접할 수 있는 공간도 드물다. 젊은 층은 '무운(武運)'이라는 단어 하나도 소화가 힘들어 정치권이 떠들썩해지는 세상이지만, 고령층 독자들은 '감사(監査)'와 '감사(監事)'의 차이도 문장의 맥락에서 매섭게 짚어내 오류를 지적해낸다. 고령층에겐 '고령'이란 단어에 내포된 암시적 의미가 어울리지 않는다. 방송에선 고령층의 삶은 으레 '탑골공원'이나 '독거노인' 등 맥 빠진 단어를 연상하는 이미지로 그려지는 경우가 많다. 그러나 장수경제의 시대에 고령층은 또 다른 적극적 소비 계층이다. "마케팅에 '고령층', 심지어 '초고령층' 등의 단어를 쓰며 제품과 서비스에 '늙은' 느낌을 주는 순간 고객들이 발길을 되돌린다."

고령층 소비자들은 오늘내일 생을 마감할 환자가 아니라, 욕망이 아직 살아 숨 쉬며 지갑을 열 준비가 돼 있는 소비 계층으로 봐야 한다는 것이다.

5070세대 여성을 위한 시니어 패션 브랜드를 모아 그들의 소비력과 트렌드를 분석하는 기사를 쓰려다 무산된 적이 있다. 브랜드 담당자들이 제발 '시니어 패션'이라고 부르지 말라며 읍소했기 때문이다. 한국 배우 최초로 아카데미(오스카) 여우조연상을 받은 윤여정(76)은 과거 한 토크쇼에서 "늙은 사람이 입으면 누가 좋아하겠냐"며 의상 협찬이 거의 들어오지 않는다고 말했다. 실제 5070세대를 타깃으로 하는 여성복 브랜드는 손예진, 김희선 등 40대 여배우를 모델로 쓰는 경우가 많다. 하지만 아이러니하게도 2030세대 패션 플랫폼 '지그재그'는 윤여정을 광고 모델로 내세웠다. 글로벌 패스트 패션 브랜드 자라(ZARA)도 흰머리가 성성한 할머니가 신상품을 착용한 모습을 제품 사진으로 내걸었다.

이렇게 의류 산업 하나만 놓고봐도 기성세대와 젊은 층의 분위기는 다르다. 60대 이상이 죽어도 제 나이로 보이기 싫어하는 것과 다르게, 20대는 할머니 장롱에서 방금 꺼낸 듯한 알록달록한 카디건으로 그래니 룩(Granny look·할머니 패션)을 연출하는 것을 멋으로 여긴다. 어찌 보면 각각 세대가 서로 가지지 못한 매력을 부러워하는 듯하다. 시니어 경제에 대한 책을 집필하면서 깨달은 점이 이 부분이다. 인생의 마감 시간이 조금 더 가까워졌다는 사실을 제외하면, 시니어와 젊은 세대는 전혀 다를 것이 없다. 노인은 이렇다는 편견이 시니어 경제를 이해하는 가장 큰 장애물이라는 얘기다.

패션·유통업계에서 2030세대의 지갑을 열기 위해 매년 치열하게 트렌드를 분석하고, 다가올 유행을 전망하는 것처럼, 시니어 경제에도 비슷한 잣대와 노력이 필요하다. 특히 코로나19 팬데믹 이후로 5060세대의 '엄지족'이 쿠팡, 마켓컬리 등 모바일 쇼핑 시장의 '큰손'이 된 만큼, 앞으로 노년층의 산업은 보다 디지털화 되며 젊은 층과의 경계가 허물어질 것으로 보인다.

아직 국내 '시니어 시장'은 걸음마 단계다. 비즈니스 존재감이 미약하다보니 동네에 (유치원 말고) '노(老)치원'만 세워도 정부 보조금까지 더해 떼돈을 번다는 얘기도 여기저기서 들린다. 한국도 1958년생 개띠의 은퇴를 시작으로 고령층 비즈니스 수요가 지금보다 더 훨씬 커질 것으로 보인다. 현재 16% 정도인 65세 이상 노인 인구 비율은 2035년 30%를 넘어선 뒤, 2070년엔 46%에 이를 전망이고, 특히 85세가 넘는 고령 인구는 지금보다 7배 가까이 늘어나, 전체 인구의 14%를 차지할 것으로 예측된다. 이런 시대를 앞두고 해외 각국의 시니어 기업 사례를 모은 이 내용들이 미래의 주요 소비자로서 시니어를 이해하는 데 도움이 되길 기대한다.

SENIOR
BUSINESS
TRENDS

장수
경제가
온다

1판 1쇄 인쇄 2022년 1월 17일
1판 1쇄 발행 2022년 1월 28일

지은이 이위재 · 남민우 · 배정원

펴낸이 최준석
펴낸곳 한스컨텐츠
주소 경기도 고양시 일산서구 강선로 49, 404호
전화 031-927-9279 팩스 02-2179-8103
출판신고번호 제2019-000060호 신고일자 2019년 4월 15일

ISBN 979-11-91250-04-6 03320